Le plaisir de vivre

DU MÊME AUTEUR

Aux Éditions Payot :

Psychogénéalogie. Guérir les blessures familiales et se retrouver soi
Exercices pratiques de psychogénéalogie pour découvrir ses secrets de famille, être fidèle aux ancêtres, choisir sa propre vie
Sortir du deuil. Surmonter son chagrin et réapprendre à vivre (avec É. Bissone Jeufroy)
Ces enfants malades de leurs parents (avec G. Devroede)
Le Psychodrame
Ici et maintenant

Chez d'autres éditeurs :

Aïe, mes aïeux ! Liens transgénérationnels, transmission des traumatismes et pratique du génosociogramme (Desclée de Brouwer)
Vouloir guérir (Desclée de Brouwer)
Le Jeu de rôle (ESF)

Chez des éditeurs anglo-saxons dans des ouvrages en collaboration internationale :

« Health and Death. Hidden Links Through the Familyt Tree », in *Psychodrama with Trauma Survivors* (Jessica Kingsley)
« The Drama of the Seriously Ill Patient. Fifteen Years of Experience of Psychodrama and Cancer », in *Psychodrama. Inspiration and Technique* (Routledge)

Site web de l'auteur :
www.anneschutzenberger.com

Anne Ancelin
Schützenberger

Le plaisir de vivre

Petite Bibliothèque Payot

Retrouvez l'ensemble des parutions
des Éditions Payot & Rivages sur
www.payot-rivages.fr

Je remercie Christophe Guias, sans qui ce livre n'aurait pu être écrit et qui a dû maugréer plus d'une fois, car j'avais l'esprit d'escalier ou j'avais pris trop à la lettre la phrase de Boileau : « Vingt fois sur le métier remettez votre ouvrage. » (AAS)

L'illustration de couverture, intitulée *La Lecture de Grand-Maman*, est l'œuvre de Catherine Perdreau :
www.catherineperdreau.com

À Marco Schützenberger, si passionné,
si critique, si cultivé, si passionnant.

« Vivez, si m'en croyez,
N'attendez à demain. »

RONSARD

AVANT-PROPOS

Il me revient en tête un psaume, ou plutôt un cantique, dont le refrain est, de mémoire :

« Compte les bienfaits de Dieu,
Mets-les tous devant tes yeux,
Et tu verras, en les comptant,
Combien le nombre en est grand. »

Devant les yeux de ma mémoire se matérialisent bien des moments agréables ou de pur bonheur.

Un matin, sur l'île de Ré, je me réveille tôt et pars seule sur la grève voir le lever du soleil. Tout roset, vibrant, frémissant, l'air est léger, « vivant », perceptible, les roses chatoient, les verts verdoient, les bleus bleuissent, la mer respire, je respire, le monde respire... J'ai quinze ans et je me fonds dans l'univers. Puis, une paysanne « pêcheur » sur la grève m'offre son regard bleu délavé et une crevette ou un coquillage – et nous nous mettons à cheminer...

Se rappeler les bons moments de son enfance, par exemple le plaisir pris avec ses parents et ses grands-parents, ses propres enfants, conjoints et amis, et constater que de les avoir en mémoire nous procure du plaisir, cela a un effet euphorisant.

L'une des choses que j'ai apprises avec l'âge, ou plutôt qui s'est imposée à moi, est que l'on peut prendre plaisir à vivre à tout moment, dans n'importe quelle situation de bonne ou de mauvaise santé, voire de souffrance, et que ce plaisir de vivre améliore la situation, quelle qu'elle soit.

Je pense aussi que si je n'avais pas les maux de mon âge, cela voudrait dire que je ne suis plus de ce monde, moi qui, à plus de quatre-vingt-dix ans, ai dépassé l'espérance de vie de bien des femmes.

Le dilettante humaniste et sportif Maurice Goudeket, d'origine belge, me paraît doublement intéressant. D'une part, il décide à seize ans qu'il veut épouser l'écrivain Colette (malgré son âge à elle) et il le fait. D'autre part, une fois le « Fanal bleu » éteint, il va refaire sa vie, épouser la veuve du couturier Jacques Fath, et, comme il le dit dans *La Douceur de vieillir*, découvrir le bonheur de « crapahuter » sur le tapis, à soixante-dix ans, son premier enfant sur le dos, en sachant qu'il aura assez d'énergie pour pouvoir l'élever.

Moi dont la résidence secondaire est située dans le massif du Mont-Blanc, je vois passer des skieurs et skieuses de quatre-vingts et quatre-vingt-dix ans, et je vois bien que l'énergie et l'envie de vivre conservent...

Comme dit l'adage, on a l'âge de ses artères, ou de ses articulations et de son désir de vivre.

Victor Hugo a écrit *L'Art d'être grand-père*. Je n'ai pas l'intention ici d'expliquer l'art d'être grand-mère, bien que nous prenions beaucoup de plaisir, le plus jeune de mes trois petits-enfants et moi, à échanger par courriels, téléphone, et *de visu*.

On a beaucoup dit et écrit que les gens sont égoïstes, mais ce n'est pas mon expérience. J'ai rencontré une foule de personnes qui se dévouaient à autrui au point de s'oublier elles-mêmes et de finir par être victimes de leur dévouement, faute d'avoir su se ressourcer. La maxime « Aime ton prochain comme toi-même » sous-entend que l'on s'aime soi-même et que l'on s'occupe de soi.

Françoise Dolto, dans son commentaire du Bon Samaritain, explique que celui-ci aide autrui, mais sans se détourner de son propre chemin et en ne faisant que le minimum nécessaire : il donne un coup de main à son prochain, ne se sacrifie pas et ne se transforme pas en sauveteur, ce qui ouvrirait la porte au triangle pervers de Karpman, où le sauveteur devient souvent victime et, de victime, persécuteur.

Apprendre à se ressourcer et à prendre plaisir à la vie est essentiel, mais souvent difficile. Il n'est pas fréquent qu'on l'enseigne dans notre éducation judéo-chrétienne. Un poète avait écrit : « Rien n'est aussi profond que la peau. » Mozart a composé « Les petits riens ». Et les petits riens de la vie sont la trame de l'existence. Quatre plaisirs par jour, tous les jours, redonnent du sel à la vie.

Il me revient le livre de Philippe Delerm, *La Première Gorgée de bière*, où est décrit le plaisir de la première gorgée de liquide frais, un jour de chaleur. Je n'aime pas particulièrement la bière, bien que, par mon mariage, je porte le nom d'une bière alsacienne, connue pendant plus de deux siècles et n'ayant fermé ses portes que depuis peu, et que les Schützenberger ont l'honneur d'être « bourgeois de Strasbourg » depuis le XVIe siècle ; mais dans ma jeunesse, je me souviens qu'il y avait dans le métro parisien des distributeurs de bonbons, de Zan Zan et de cachous sur lesquels on avait inscrit : « La gourmandise est un vilain péché que le Bon Dieu a toujours pardonné quand avec les bonbons Tissot il est commis et nous ouvre tout grand les portes du Paradis. »

Notons, au passage, que le simple plaisir de gourmandise est déjà un vilain péché, et que le plaisir conjugal, même dans le mariage, s'appelait le devoir conjugal. Ma chère marraine bourguignonne, Madare, me racontait, en allant au marché de Tournus acheter un chapon, ou un poulet de Bresse – qu'elle préparait à merveille –, qu'elle avait accueilli son retour d'âge comme du pain béni, car après la naissance d'un premier fils, pour ne pas avoir à lui faire partager leur peu de fortune, elle et son mari, le grand Carolus, qui veillait sur la superbe abbaye de Tournus en tant que président des Amis de Tournus, s'étaient fait « ceinture » au lit, et s'en donnaient enfin à cœur joie...

On a peu écrit sur les bienfaits et l'importance du rire, en dehors de *Comment je me suis soigné par le rire*, le célèbre livre de Norman Cousins, un journaliste scientifique qui attribuait sa guérison d'une maladie prévue comme fatale au film de Laurel et Hardy qu'il se faisait projeter dans sa chambre d'hôtel.

Prendre plaisir à sa vie, apprendre à se faire plaisir régulièrement et chaque jour, est tout un art et une science, difficile à acquérir, mais je le répète : il est vital de le faire.

Tout à l'heure, bien au chaud, j'étais douillettement assise dans un bon fauteuil, dans ma cuisine souvent ensoleillée, regardant par la fenêtre tomber les beaux flocons de neige tout en savourant un par un des grains de raisin noir, sucrés, fondant dans ma bouche. Je n'avais que la main à étendre pour prendre un petit *mug* de thé chaud ou me lever si je voulais le faire couler de haut pour l'aérer, comme on le fait en Tunisie.

Ah ! la beauté du café de Sidi Bou Saïd, dans la région de Carthage, la grâce des serveurs, le blanc éclatant et le bleu des murs et du ciel... Rien que d'y repenser, la joie me remplit.

Une de mes collègues et amie, Évelyne, cultive à merveille les arts de la table et les arts de la vie, et je lui dois en particulier de merveilleuses recettes de compote sucrées simplement aux petits raisins secs et abricots secs et les meilleures adresses de soins du corps. Elle m'a également suggéré d'installer un chauffage électrique sur mon balcon en Haute-Savoie, transformant celui-ci en salon d'hiver face au Mont-Blanc, même quand il neige et qu'il vente.

Et j'ai appris lorsque j'étais enfant l'importance d'avoir dans son réfrigérateur des petits blinis, des œufs de saumon appelés « caviar rouge » et de la crème fraîche, car cela remonte le moral, le mien comme celui de visiteurs inattendus, et cela redonne le goût de manger et de vivre à certains des malades graves qui viennent me consulter.

Sidonie, la mère de Colette, disait : « Ah ! que j'ai du goût ! Ah ! que j'ai du goût ! »

Que c'est bon, le goût des bonnes choses, et des bonnes choses de la vie, et même des petites choses ! Quatre plaisirs par jour, tous les jours, et un minimum de bonne santé... On peut prendre comme modèle la phrase anglaise : « An apple a day, keep the doctor away. »

J'ai même chez moi une cuillère dentelée pour pouvoir râper les pommes en les mangeant pour que cela fonde plus dans la bouche...

Et le boulanger, dans mon petit village de montagne, fabrique deux merveilleux « pain savoureux » et « pain du sportif » (avec quelques raisins et douceurs) qui font des petits déjeuners et des goûters superbes pour petits et grands.

Ah, que j'ai du goût et du plaisir à vivre à partir de petits riens malgré mon âge certain...

Que c'est bon de rire – une bonne ventrée de rire aux éclats secoue le corps et renouvelle les énergies quasiment de la même manière que le plaisir physique, disent les médecins.

Rappelons qu'au Japon, on fait de la gymnastique Tai Chi et qu'en Chine, dans bien des endroits, les gens se réunissent dans les parcs pour se faire rire aux éclats pendant une heure ou deux, même au XXIe siècle.

Les câlins sont importants. Quand ils manquent dans la petite enfance, on est souvent à vie un « ours mal léché ».

Bien des adultes manquent de câlins et vont beaucoup mieux par exemple en caressant un chat ou en s'occupant d'un animal de compagnie comme un chien ou un cheval, que l'on caresse, ou même en se faisant masser ou tapoter ou câliner le visage. Même le général de Gaulle appréciait le bain de foule, qui est une autre forme de caresse sociale. De nombreux artistes se nourrissent d'applaudissements. Et bien des bienfaits de cure thermale sont simplement les contrecoups de soins caressants du corps.

On peut prendre plaisir à tout âge.

CHAPITRE PREMIER

Par la chance d'un hasard heureux
Qu'est-ce que la sérendipité ?

« La chance favorise un esprit préparé. »
Louis PASTEUR

Il nous arrive à tous de penser écrire ou téléphoner à quelqu'un, et juste comme on va le faire, cette personne se manifeste. C'est le hasard, dit-on, une « pure coïncidence ».

L'analyste Carl Gustav Jung écoutait un client raconter qu'un scarabée doré lui était apparu en rêve. À ce moment précis, un scarabée doré entra par la fenêtre.

Cette coïncidence le frappa au point qu'il écrivit un article à ce sujet, puis développa une théorie sur la synchronicité, au sujet de laquelle il a échangé, en 1934, des lettres avec le physicien Wolfgang Pauli, futur Prix Nobel de physique en 1945.

Son postulat a été ensuite développé par ses élèves, par Marie-Louise von Franz, et récemment par l'analyste jungien américain Ira Progoff, ainsi que par l'analyste argentin Raoul J. Usandivaras. Ils ont réuni des constatations et exemples cliniques sur le principe acausal de connexion et synchronie, mais sans support théorique permettant d'expliquer le phénomène de concordance et sans remise en contexte historique.

Aux origines de la sérendipité

Déjà au XVIIIe siècle, Horace Walpole (1717-1797) avait décrit ce phénomène de coïncidences et de synchronie espace-temps-moment opportun-réaction immédiate sagace dans un conte, *Les Trois Princes de Serendip.*

Les princes trouvaient ou rencontraient toujours ce dont ils avaient envie ou besoin, comme par « la chance d'un hasard heureux », ce qui les tirait d'affaire dans de nombreuses circonstances difficiles ou vitales, pour eux ou pour d'autres, amis ou inconnus en péril...

Lorsqu'ils avaient perçu la situation ou le problème, ils réagissaient toujours immédiatement, ou intervenaient à l'instant propice avec sagacité et efficacité.

Dans une lettre du 28 janvier 1754, Walpole, faisant allusion au conte, qu'il avait lu en français dans *Voyages... des trois princes de Serendip* (publié à Amsterdam en 1721), indique que « comme ses altesses royales voyageaient, elles faisaient toujours des découvertes, par hasard, accident ou sagacité, de choses qu'elles ne recherchaient pas ».

Cependant, il existait déjà une autre version italienne, antérieure, de 1557. La version anglaise classique est de 1722 : *The Travels and Adventures of the Three Princes of Serendip.*

Walpole ou Voltaire ?

Il est intéressant de faire d'autres rapprochements. À la même époque, en 1747, Voltaire écrivait, parmi ses contes orientaux, un conte philosophique : *Zadig ou la Destinée*. Zadig, lui aussi, trouve ce dont il a besoin ou envie sans le rechercher – « tout est épreuve ou punition, ou récompense ou prévoyance » –, avec l'aide de la providence, comme par la chance d'un miraculeux hasard. Il y a d'ailleurs, dans *Zadig*, deux histoires de petite chienne et de cheval retrouvés par déduction et sagacité qui font de ce conte l'ancêtre des romans policiers.

Mais à y regarder de plus près, quasiment tous les détails de l'observation et des réflexions du *Zadig* de Voltaire pour reconnaître et retrouver ce qui était perdu sont les mêmes que ceux du prince de Serendip de Walpole pour décrire le chameau perdu, au point que José Lupin, un des commentateurs de Voltaire, écrit que Voltaire a peut-être été influencé par l'histoire persane des princes de Serendip.

Notons, par ailleurs, que Walpole et Voltaire ont tous deux fréquenté à Paris le salon de Madame du Deffand (qui avait une grande passion pour Walpole), et que Voltaire a vécu en Angleterre de 1726 à 1728.

Si célèbre et si proche de l'histoire des *Trois Princes de Serendip* que soit *Zadig*, c'est par Walpole que le terme de sérendipité est entré dans la littérature scientifique moderne.

Notons aussi que Zadig parle de hasard miraculeux et d'anges heureux. À propos de coïncidences, Raoul J. Usandivaras rappelait qu'angelos provient d'*aggelos*, le messager – proche du *daimôn* de Socrate ? de la colombe ? de l'oiseau bleu de Maeterlinck ?

Il y a beaucoup de détails importants dans cette

histoire – il n'y a pas que les coïncidences et la synchronie.

Les secrets de la sérendipité

Les contes et légendes ont toujours été des textes porteurs de métaphores et de sens symbolique caché – ce qui en fait le charme et explique qu'ils se perpétuent pendant des siècles, transmettant l'aspiration de l'homme à la sagesse intérieure.

D'ailleurs, les enfants le comprennent intuitivement, et cela enchante l'enfant caché dans l'adulte que nous sommes.

Nous allons essayer de comprendre, à partir de l'histoire des trois princes de Serendip, le secret de la sérendipité, à savoir l'importance des rencontres fortuites heureuses et bénéfiques, et le fait, le don de saisir la chance au passage, quand on la perçoit et que la solution s'offre à vous, comme par hasard...

De fait, le vieux roi de Serendip demandait à ses trois fils de rapporter le secret de la maîtrise des dragons qui isolaient et menaçaient son pays. Ce secret était indiqué dans un parchemin caché dans un rouleau d'argent, en possession d'un vieux mendiant marchant de par le vaste monde, et qui transformait souvent son apparence, devenant parfois un oiseau bleu brillant.

Cette sorte de « quête du Graal » est parsemée d'embûches et rencontres fortuites et de coïncidences, d'inconnues, de pièges et de difficultés que les jeunes princes (voyageant incognito, c'est-à-dire sans jouer de leur statut ni de leurs avantages sociaux) surmontent par leur sens de l'observation, leur sagacité, leur réaction immédiate et prudente, qui leur fait trouver, comme par la chance d'un hasard heureux, ce dont ils ont besoin pour s'en sortir, et, surtout, pour aider la veuve et l'orphelin, le pauvre et la jeune fille en détresse.

Grâce à son sens aigu de l'observation des signes et de la communication non verbale, l'aîné des princes retrouve le chameau borgne d'un caravanier perse, ce qui l'amène, après un quiproquo presque mortel, à être l'invité de l'empereur de Perse. Celui-ci se languissait d'amour pour une belle jeune fille sauvage perdue de vue, Delirama, qu'il avait renvoyée dans un moment de colère, à cause de son manquement à l'étiquette...

Déjouant un complot (grâce, là encore, à sa sagacité et à son sens de l'observation de la communication non verbale), le prince cadet de Serendip sauve la vie de l'empereur, qui lui offre alors en récompense la main de sa fille, la belle princesse. Il lui demande aussi d'anéantir une apparition maléfique d'une « main effrayante » menaçante et de trouver et rapporter le « miroir de justice » gardé par la reine Parvathi. Les trois princes se rendent donc aux Indes, dans le royaume de celle-ci. C'est là que le plus jeune des princes arrête l'apparition malfaisante qui apparaît dans le ciel en levant la main droite. La reine invite les princes au palais, et leur demande l'explication du geste symbolique.

Elle leur raconte sa vie et ses problèmes, et son chagrin d'avoir perdu sa petite sœur Palmini, volée, enlevée dans leur enfance. Encore une fois, les princes retrouveront cette sœur, par un nouveau hasard de rencontres et d'observations, chance et sagacité, et lui sauveront la vie au cours d'un tremblement de terre suivi d'un incendie, qui détruit des villages.

Devant tant de malheurs, les princes pleurent des larmes de compassion.

Cette sœur enlevée, la princesse Palmini, s'avère être la bien-aimée perdue de l'empereur, la pauvresse Delirama (mystère qu'ils découvrent aussi par chance, observation et sagacité). Ils la ramènent à l'empereur, ce qui lui rend la santé.

Poursuivant leur quête et leur route, les princes trouvent dans les cendres de l'incendie le rouleau d'argent, contenant le texte secret mais qui avait été quasiment brûlé dans le sinistre. Seuls restent lisibles les vers qu'ils connaissaient déjà. Désespérés de ne trouver que des cendres, ils finissent par remarquer qu'un oiseau bleu aux yeux d'argent tient dans son bec le rouleau d'argent rempli de leurs larmes de compassion pour les pauvres et les désespérés... avant de disparaître dans les cieux.

Les trois princes retournent dans l'île de Serendip, auprès de leur père gravement malade, navrés d'avoir failli à leur mission.

Ils apprennent alors que les dragons menaçants ont été vaincus par leurs larmes de compassion, qu'un oiseau bleu versait, d'un cylindre en argent, sur les flots et les dragons, au bon moment.

Notons aussi les qualités de cœur et de compassion des princes.

Nous remarquons, bien sûr, l'enchaînement des coïncidences, et des rencontres fortuites heureuses, de la synchronie des événements, dans ce récit des trois princes de Serendip, coïncidences et rencontres qui ponctuent la vie en général – mais eux, ils y sont très attentifs, et réagissent immédiatement et avec sagacité, ce qui leur permet de sauver bien des vies et d'aider bien des gens, en résolvant leurs problèmes vitaux.

En fait, on cherche au loin ce qu'on a déjà ou qu'on connaît déjà.

Nommer, avec Jung et Pauli, ce phénomène « connexions acausales » est important, mais le nommer seulement est insuffisant pour l'expliquer.

D'où l'intérêt pour le développement des recherches sur la sérendipité, la synchronie, les coïncidences, les facteurs omis en médecine. On voit même dans les sciences exactes un intérêt récent pour la sérendipité.

Les découvertes scientifiques sont souvent dues à une part de hasard et de chance autant que d'ouverture d'esprit et de sérendipité.

Mais reprenons le conte d'Horace Walpole, car bien des détails peuvent s'appliquer à la formation et à l'enseignement et mettre en évidence des aspects cachés de la sérendipité.

Il était une fois...

L'histoire des trois princes de Serendip

Il était une fois, il y a fort longtemps, une terre lointaine, au bout du monde. Il y vivait un très grand roi, plein de sagesse et de vertus, du nom de Jayaratne. Son royaume, c'était l'île de Serendip, où de très grands arbres poussaient sur des montagnes d'émeraude, avec des terres très riches, aux verts pâturages, et des fleurs de lotus réjouissant le cœur des hommes.

Tôt dans son règne, il lui était né trois fils beaux et sages : Balakrama, Vijaio et Rajahsingha. Et chaque fois qu'un de ses fils voyait le jour, un étrange et merveilleux oiseau, aux ailes d'or et aux yeux de feu, apparaissait au ciel et volait bas ; mais il ne fut aperçu que de quelques enfants d'une vallée de montagnes, près du Pic de la Grande Sérénité. Au vu de cette merveilleuse apparition, ils en eurent le cœur rempli de joie et de gaieté. Mais la plupart des adultes, occupés à divers travaux ou mangeailles, tête baissée donc, ne les virent pas, ni les gens, ni les gardes, ni même le roi Jayaratne, préoccupé par de lourdes tâches lui faisant baisser la tête d'anxiété. Il y avait beaucoup de problèmes et de situations délicates à gérer. Les terres étaient riches, mais pas toujours bien irriguées, et souvent les pluies ne venaient qu'une fois l'an, toutes à la fois : de vastes espaces étaient devenus arides. Aussi le roi décida de construire de grands réservoirs d'eau, et de veiller au grain.

Le bon roi se demandait comment faire pour assurer sa succession et « bien élever » ses trois fils, les trois princes de Serendip. Il souhaitait d'abord leur faire enseigner la vertu, la sagesse, et la science : pour cela, il invita les plus sages savants et philosophes à venir, ceux de son pays et d'ailleurs.

Mais la plupart de ceux qui venaient d'ailleurs et de loin, hésitaient à traverser la mer, à cause des dragons et autres monstres qui infestaient le milieu tout autour et menaçaient ceux qui voulaient aborder l'île.

Certains, plus courageux, plus hardis, plus aventureux, plus créateurs ou plus chanceux que d'autres, acceptèrent les risques du déplacement et de l'aventure, et vinrent enseigner les jeunes princes, pour en faire des hommes cultivés et utiles, d'« honnêtes gens », et aussi plus tard de bons et sages rois. Car le pouvoir est dangereux et peut monter à la tête de ceux qui ne sont pas de vrais adultes.

Et ainsi, plusieurs années passèrent.

Les princes grandirent en sagesse, en culture, en connaissances, en art, sciences et lettres.

Un beau jour, le doyen des professeurs se présenta avec les autres au palais d'Anuaradhapura, et dit au grand roi : « Ô noble et très grand roi, les princes royaux ont été instruits. Votre fils aîné connaît la religion, la grammaire, sait conduire les éléphants, excelle dans la logique, les sciences naturelles et animales. Votre deuxième fils est doué pour les sciences et les arts, et le troisième est plein de force et de courage tout en restant un homme de paix et de bonne volonté et connaissant bien aussi la diplomatie et les arts du gouvernement. De plus, ils connaissent tous trois les langues, la poésie et la musique. Mais nous recommandons qu'ils perfectionnent leur éducation, en voyageant à l'étranger, et qu'ils fassent connaissance d'autres mœurs, langues et cultures. »

Le bon roi pensa que c'était un bon et sage conseil, mais, afin de savoir si ses fils étaient réellement capables d'apprendre ces choses et d'en faire leur profit, il les testa en leur offrant, séparément et à tour de rôle, et le pouvoir et sa couronne (sa propre succession). L'aîné des princes écoute avec déférence et affection la proposition paternelle en même temps qu'il remarque grâce à son attention aiguë et « l'intuition de son bon cœur » les gestes retenus du roi. Il refuse la proposition, ses frères en font autant.

Alors le bon roi, rassuré et rasséréné, les envoya au loin de par le vaste monde, en leur enjoignant d'ouvrir leurs yeux et leurs oreilles, de faire au mieux, mais de ne pas revenir avant sa permission formelle, lorsqu'il les jugerait prêts.

Encore fallait-il pouvoir quitter père et mère, traverser la mer, affronter ou éviter les dragons qui crachent feu et flammes et tout ce qui pouvait les détruire... et trouver le secret.

En chemin, les princes s'enquièrent du manuscrit : *Mort aux dragons*, et ont la chance de trouver un très vieil homme qui leur indique que ce texte comporte une centaine de vers puis s'endort en en chantonnant quelques-uns.

Le premier mystère résolu par les trois princes est celui du chameau perdu par un caravanier en Perse, que l'aîné des princes, Balakrama, réussit à décrire – lointain ancêtre de Sherlock Holmes et de la petite Miss Marple d'Agatha Christie – de par les traces irrégulières de ses pas et des herbes brisées d'un seul côté de la route.

Surpris par cette manière de voir, d'observer et de raisonner, et enchanté par cette découverte des princes, l'empereur de Perse, Vahram, invite dans son palais le prince de Serendip Balakrama et ses frères.

Par ailleurs, l'empereur tombe amoureux de la voix d'une jeune fille trouvée, dans les bois, Delirama, lui offre l'hospitalité au palais, lui déclare sa flamme, mais il la renvoie dans un moment de colère lorsque, comme un enfant sauvage, elle dit réellement ce qu'elle pense au mépris de l'étiquette. Peu après, il regrette son action et la fait rechercher en vain par les plaines et les bois, au point de s'en rendre malade de chagrin.

Le prince de Serendip Vijaio sauvera la vie de l'empereur en déjouant un complot qu'il subodore puis déjoue par sa perception de la communication non verbale la manœuvre du traître et recevra en récompense la promesse de la main de la belle princesse Purandocht – à charge pour lui de réduire une apparition maléfique, celle d'une « main effrayante menaçante du ciel » et de trouver et rapporter le « miroir de justice », gardé par une autre reine, la reine Parvathi.

Le miroir est efficace pour rendre la justice car le méchant ou le menteur qui s'y mire vire au rouge (de honte) et son teint ne redevient normal qu'après la confession et la réparation de la faute.

Dans cette sorte de « quête du Graal » que leur demandait le roi leur père pour rapporter le secret de la maîtrise des dragons, les trois princes recherchent un document secret caché dans un petit rouleau d'argent en possession d'un vieux mendiant qui transforme son apparence et devient parfois une sorte d'oiseau brillant.

Cette recherche, sans clefs pour la réussite, ni « fil d'Ariane », est semée de difficultés et d'embûches : un démon qui lit les pensées dans les yeux, sème des chausse-trappes sur leur chemin.

Par chance, un moine leur donne comme talisman trois plumes de paon qui leur permettent à chacun de cacher leurs yeux et d'avancer.

Ils retrouvent la trace du mendiant Aphoenicius, grâce à un dessin qu'ils observent en y déchiffrant un cylindre d'argent et grâce aussi à un verset énigme : « On peut chercher mais on ne peut pas emprunter / Ce mystère étant proche de la tristesse et de la mort. »

Le moine les bénit et leur dit qu'on peut suivre un précepte obscur une partie du chemin ; ils poursuivent alors leur route.

Arrivés aux Indes, chez la jeune et belle reine Parvathi, les trois princes l'accompagnent au lever du soleil sur la plage où apparaît la main effrayante : le jeune prince Rajahsingha arrête la descente de la main menaçante par un geste, par un simple mouvement de sa main droite, trois doigts levés, deux doigts pliés, (comme dans les bénédictions sacrées). Devant ce geste, la « main menaçante » diminue en taille et disparaît dans l'eau – comme si le vrai courage à mains nues tenait en respect même les démons. La princesse veut en savoir plus et le jeune prince explique qu'il lui semblait que ces deux doigts pliés représentaient deux personnes aimantes et unies en vertu et courage, pour protéger la princesse, ces deux protecteurs étaient probablement son père et sa mère.

Quoi qu'il en soit de l'explication, le maléfice fut rompu. La paix et le calme revinrent au pays.

Après cela, la reine Parvathi invite les jeunes princes au palais et leur offre un spectacle, pendant lequel le plus jeune des princes ayant remarqué que ses yeux se remplissent de larmes en écoutant une chanson lui en demande la raison. Elle lui parle alors de ses chagrins et de ses peines, et en particulier de sa petite sœur volée et perdue dans l'enfance. Le jeune prince Rajahsingha résout un puzzle pour la belle reine qui lui offre sa main et aussi le miroir de justice. Notons en passant qu'avec sagacité, prévoyance et intuition, les jeunes princes ont fait faire par un orfèvre dans la nuit une toute petite boîte grande comme un dé à coudre, de la taille d'un petit pois, qui servira au prince Rajahsingha pour avaler une dose complète de sel en une seule fois. Cela lui permettra de venir à bout de l'énigme proposée par le roi (décédé), père de la reine ; cette épreuve était destinée à choisir le futur prince consort.

Reprenant leur quête et leur route, les jeunes princes retrouvent – toujours par la chance d'un hasard heureux – la petite sœur volée de la reine, la princesse Palmini et la ramènent.

Encore une fois, la chance et le hasard des rencontres les mettent au bon moment et au bon endroit pour être efficaces. Ils lui sauvent la vie au moment d'un désastre : tremblements de terre, inondations et incendies qui détruisent la ville.

Les trois princes de Serendip partagent avec les pauvres villageois leurs provisions de bouche et pleurent de compassion sur les malheurs des pauvres.

Leur sens de l'observation des détails et de l'ensemble, de la dissonance et de la communication non verbale, leur permet de reconnaître dans le bracelet d'une pauvresse le collier marqué aux armes de la famille royale de la petite princesse volée, qu'ils ramènent au palais à l'empereur qui va l'épouser en grande pompe.

Mais, déjà, ils n'avaient pas fait le détour par ce village par hasard. Leur amour de la vie, sagesse et bon sens leur avait fait préparer divers plaisirs pour l'empereur, parce qu'ils pensaient qu'un petit peu de bonheur lui remonterait le moral et l'aiderait à sortir de la maladie. Et en écoutant avec lui des contes et en faisant parler le conteur, ils sont sur une piste parce qu'ils ont l'intuition que l'un des mots d'un chant de la pauvresse pouvait être justement dans le chant que chantait la bien-aimée perdue de l'empereur, leur ami. De fait, la fille des bois, Delirama, était en réalité la petite princesse volée, Palmini.

Les trois princes de Serendip retrouvent aussi par la chance d'un hasard heureux et par sagacité le cylindre d'argent qu'ils cherchaient, mais brûlé et abîmé : seul reste lisible ce qu'ils connaissaient déjà : « Après une si longue quête, dit le prince de Serendip, nous avons trouvé seulement quelques lignes [du secret] et ce sont les lignes que nous connaissions déjà. »

Les trois princes de Serendip se désespèrent : comment rechercher et trouver quelque chose de caché, un parchemin, un talisman, sans indices, ni cadres de références, ni code d'accès et dont le seul fil conducteur vient d'être détruit par le feu ?

Ils remarquent alors qu'un oiseau doré aux ailes brillantes sort des cendres, tenant en son bec le cylindre d'argent. L'oiseau merveilleux le remplit des larmes de compassion versées par les princes avant de disparaître dans les cieux.

Lorsque les trois princes reviennent dans l'île de Serendip auprès de leur père gravement malade, ils apprennent que les dragons ont été vaincus par leurs larmes de compassion, qu'un oiseau bleu aux yeux d'argent versait au moment propice sur les endroits dangereux.

Ils avaient donc réalisé leur mission sans le savoir, rendu paix et prospérité à leur pays, et sérénité à leur vieux père, qui se rétablit devant un tel bonheur.

Chacun des princes épousa sa princesse et régna sagement et avec bonheur avec elle.

Pourquoi ce conte intéresse les scientifiques

Il est difficile pour nous de tirer la morale de cette histoire qui intéresse en Occident les lettrés depuis plus de cinq siècles, et les sciences humaines depuis quelques décennies.

Il y a certainement une raison à cet intérêt récent à la fois pour ce texte quasi introuvable et pour le développement de la recherche sur la sérendipité, la synchronie et les coïncidences heureuses dans le monde scientifique.

De la pomme de Newton aux moisissures sauvées de la corbeille à papier par Fleming (pénicilline), les grandes découvertes scientifiques paraissent être le fruit de la rencontre du hasard et de la nécessité, de l'espérance, de l'observation aiguë du contexte et de la réaction immédiate à ce qui se présente : l'objet insolite, l'objet recherché qui est par chance sur votre passage et fournit la solution inédite et inattendue à un problème important ou vital pour soi ou pour d'autres.

Il y a aussi quelque chose de magique et de mystérieux autour de ce qui est dû à un hasard heureux... Nous pourrions rapprocher ce phénomène de ce que disait déjà Socrate, dans l'*Apologie*, à propos de son bon ange protecteur : « [Ce phénomène tient] [...] à une certaine manifestation d'un dieu ou d'un esprit divin qui se produit en moi [...]. C'est quelque chose qui a commencé dès mon enfance, une certaine voix, qui, lorsqu'elle se fait entendre, me détourne toujours de ce que j'allais faire sans jamais me pousser à agir [...]. Mon avertissement coutumier, celui de l'esprit divin se faisait entendre à moi très fréquemment [...] et me retenait même à propos d'actions de peu d'importance, au moment où j'allais faire ce qui n'était pas bon » (31d, 159 et 40, 170). Ou encore : « Eh bien, ni ce matin, ni quand je sortais de chez moi, la voix divine ne m'a retenu [...] ni pendant que je parlais en prévenant ce que j'allais dire » (40b, 170). Ou : « Bien souvent, pourtant, en d'autres circonstances elle m'a fait taire au beau milieu de mon propos [...]. Ceci est pour moi une preuve décisive. Il n'est pas admissible que mon signe ordinaire ne m'eût pas arrêté, si ce que j'allais faire n'eût pas été bon » (40b, 171 et 40c, 171).

Comment Bach calmait Lucie

Ces mêmes coïncidences heureuses, on les retrouve aussi dans notre pratique clinique.

Prenons deux exemples.

Une jeune étudiante, férue de musique, Lucie, recherchait le titre d'un morceau de musique classique, qui lui chantait dans la tête et qu'elle connaissait par cœur. C'était presque une obsession – elle l'avait toujours en mémoire, mais elle n'en connaissait pas le nom. Impossible à retrouver, impossible à chercher.

C'est un Bach, mais lequel ? Elle cherche pendant deux ou trois ans, sans résultat, en allant dans les médiathèques, en fredonnant le morceau à divers marchands de musique et musiciens – rien.

À l'occasion d'un échange, elle se trouve en contact avec une autre de mes étudiantes, avec qui elle sympathise. D'échanges téléphoniques en échanges amicaux, elle fait un détour de mille kilomètres pour lui rendre visite. En rentrant chez Barbara, elle regarde ses disques, et passe le premier morceau qui lui tombe sous la main, et... miracle, entend son morceau préféré, dans la *Passion selon Saint Matthieu*, le dernier morceau, le chœur.

(C'était le seul disque de Bach que Barbara possédait.)

Cette musique faisait partie de la « bande-son » du film *Accattone* de Pier Paolo Pasolini – sur la misère humaine : l'histoire d'un pauvre jeune homme, en Italie, après la guerre, qui se tue en tombant après avoir volé un jambon, et qui murmure en mourant : « Maintenant, je me sens très bien. »

Cette libération par la mort, cela lui rappelait quelque chose. Elle lit sur la pochette le texte de ce *lamento* : « Dans la tombe, dors en paix ! corps sanglant couvert d'outrages... »

En lisant ce texte, cela a fait « tilt » avec la mort tragiquement prématurée de son frère de vingt-sept ans, et elle ressent alors pourquoi elle s'intéressait tant à ce morceau de musique, sans savoir pourquoi elle le recherchait.

Cet air musical était riche d'un message inconscient important, par rapport à son histoire personnelle – et celle de son frère – et avait sur elle un effet calmant.

Ce n'est pas par erreur que nous avons appelé *lamento* ce passage de Bach, qui se lamente sur le sacrifice du Christ et sa Passion, mais en référence aux recherches du psychothérapeute et musicien blanc, sud-africain, Roy Hart, et de son maître Wolfsohn, sur les cris lancinants des mourants et la libération des survivants par le cri et les sons et le chant.

Comment Mike Watson aurait pu faire sa thèse sur Moreno

Deuxième exemple. Il y a quelques années, à Montréal, au congrès international de psychothérapie de groupe et de psychodrame, un jeune professionnel anglais, Mike Watson, me faisait part de sa difficulté à faire sa thèse. Il m'expliquait que dans la petite université anglaise où il était, personne ne s'intéressait au psychodrame et n'avait entendu parler de Moreno, son fondateur, et que donc il ne pouvait pas y faire accepter sa thèse. Entre la poire et le fromage du dîner de clôture, je lui donnai mon téléphone privé, lui offris mon aide en cas de problème et l'encourageais vivement à continuer. Je lui parlais aussi de la sérendipité.

Un mois après, il m'appelait un soir à Nice, de Stoke-on-Trent, tout excité : faisant des photocopies à la bibliothèque de son université, il cherchait quelque chose pour marquer sa page ; levant le bras, il prit une ou deux feuilles qui dépassaient d'un dossier ; son travail terminé, en les remettant en place, il découvrit avec étonnement qu'il s'agissait d'un tiré à part de Moreno sur la spontanéité, la créativité et le psychodrame, texte qui attendait donc depuis cinquante ans dans son université qu'un étudiant lui redonne vie, et preuve, s'il en fallait, que l'université de Keele s'intéressait depuis toujours à ce sujet. Mike voulait en faire le chapitre préliminaire de sa thèse. Je le cite ici en hommage à sa mémoire, car une maladie stupide, rapide et non diagnostiquée, lui a enlevé et la vie et la possibilité de le faire...

Qu'est-ce donc que la sérendipité ?

Il me semble que ce phénomène de sérendipité se trouve au point de rencontre de plusieurs éléments ou forces en présence.

La conviction que le monde est amical et accueillant et vous offrira des solutions et des réponses dont vous avez besoin au moment où vous en avez besoin : « Frappez et on vous ouvrira, demandez et on vous donnera », disait déjà la Bible.

Et cette vision positive d'un monde convivial et accueillant – ou d'une grâce – aide déjà à vivre mieux, et permet souvent de réagir autrement et mieux et de « s'en sortir » dans des cas désespérés.

C'est un état d'éveil ou de vigilance (ou d'attention flottante, dirait Freud) qui permet de voir et de remarquer en passant ce dont on a besoin et qu'on ne cherchait pas à ce moment-là, ni à cet endroit-là. Et qui permet de trouver comme par hasard ce dont on avait besoin ou envie, des choses importantes, vitales, aidantes ou simplement utiles. Comme par exemple trouver par hasard, en passant, à réassortir un vêtement usagé mais aimé, retrouver le « rouleau d'argent », trouver une place de parking juste à l'endroit où on se rend, trouver un taxi qui débarque des voyageurs devant sa porte un jour de pluie et d'avion à attraper à la course, trouver un livre épuisé à la vitrine d'un marchand en passant en taxi pour aller à l'aéroport dans une rue inconnue... réassortir du premier coup d'œil, sans le chercher, la pièce manquante du puzzle, sans même savoir que l'on fait un puzzle... trouver la « lettre volée » dans la vieille enveloppe salie sur la cheminée du voleur (« La lettre volée » d'Edgar Poe)...

La sérendipité, c'est plus et autre chose que la « baraka » ou le hasard, ou la synchronie, ou la chance, ou seulement une pure coïncidence corps-espace-temps-vigilance. Cela se situe entre le hasard et la nécessité, l'espoir perdu et l'espérance, la foi du charbonnier, la naïveté de l'enfant et la sagacité.

Ce concept de sérendipité est important, me semble-t-il, pour plusieurs raisons.

C'est un pont entre le cerveau droit et le cerveau gauche, entre la raison raisonnable, raisonnante, et l'intuition créatrice, et la sagacité, et nous sort d'un « ou bien, ou bien » réducteur entre le logique et l'affectif, et du *cogito ergo sum* de Descartes, que Lacan interprétait avec un petit échange de ponctuation, comme : « Je pense : donc je suis », c'est-à-dire « je ne suis – je n'existe – que quand je pense » – en oubliant le pont entre les deux hémisphères, et que l'homme est un tout.

C'est un pont entre les lettres, les arts et les sciences.

Ce terme de sérendipité donne un nom à quelque chose de remarquable et de remarqué par des artistes, des physiciens, des psychanalystes, des poètes, quelques psychosociologues, quelques chercheurs. Nous espérons que des recherches transdisciplinaires trouveront à expliquer ce concept scientifique, à partir de la psycho-neuro-immunologie, en lien aussi avec les neurosciences, la physique et la créativité.

La sérendipité fait le lien entre corps-espace-temps, entre le passé, ses légendes, la culture, et le présent et les recherches de pointe en cours.

Enfin, les détails du conte en soi sont importants. Ce conte qui a traversé les siècles est peut-être un symbole utile de nos propres dragons et chausse-trappes, de l'importance de la culture et d'une bonne formation, de nos projets éducatifs, de ce que nous essayons de faire ou avons fait de notre université, et notre espoir que nos étudiants aient une tête bien faite autant que bien pleine, et développent leur courage et leur « intuition ».

Sérendipité et guérison

La science, la médecine, la psychologie, se sont occupées des séries d'accidents et ont mis en évidence la prédisposition aux accidents. Les praticiens et les chercheurs se sont surtout intéressés à ce qui va mal et aux gens qui vont mal souvent. Le langage utilise même le mot de sinistre pour rapprocher les accidents de la gaucherie et du mauvais sort. La répétition de coïncidences malheureuses, de problèmes et de maladies est actuellement entrée dans la pensée thérapeutique.

Il est même amusant de noter qu'il y a une bande dessinée concernant un très gentil petit poussin noir, Calimero, à qui il arrive tout le temps des malheurs et qui s'exclame : « C'est trop injuste ! »

À ce propos, rappelons qu'avant de nommer un général, Napoléon Bonaparte se renseignait et cherchait à savoir si celui-ci avait d'habitude de la chance (de la baraka) ou n'en avait pas. Moreno pensait qu'il faut soigner avec de la psychothérapie et du psychodrame ceux qui sont fréquemment blessés, ont peu d'amis et un faible statut sociométrique pour améliorer leurs relations avec eux-mêmes, les autres et le monde.

Il a fallu les travaux récents de l'Institut de Noétique de San Francisco pour que la négation, par la médecine classique, de la guérison spontanée du cancer soit remise en question. Ce changement de conception est arrivé de par la mise en évidence de très nombreux cas cliniques rapportés dans la littérature médicale sérieuse concernant des malades ayant arrêté l'évolution fatale de leur maladie ou ayant spontanément guéri. Ces études ont montré que cette guérison s'accompagne généralement de rencontres heureuses ou d'épanouissement personnel après une rencontre amoureuse, une passion pour la musique, l'art ou les voyages, la foi ou l'espérance.

C'est pourquoi je m'intéresse à la serendipité et à la répétition de coïncidences heureuses, tant dans la vie que dans la science et la médecine.

Des centaines de cas de coïncidences heureuses, de rencontres dans le temps et même dans l'instant, de synchronicité et de sérendipité ont été constatés par de nombreux chercheurs, psychothérapeutes, et « personnes naïves », pour reprendre l'expression des psychosociologues, mais l'explication reste toujours à trouver.

La sérendipité est d'ailleurs plus que la synchronie.

Mais reprenons d'abord quelques définitions et réflexions dans ce domaine, par des analystes et des physiciens.

La sérendipité est plus que la synchronie

Selon Jung, après discussion avec le physicien Wolfgang Pauli, la synchronie « serait la coïncidence signifiante (mais pas forcément synchrone dans l'instant) d'un événement matériel extérieur avec l'émergence d'un symbole intérieur, ou événement psychique, ces deux événements n'ayant aucune relation causale entre eux, ou même de connexion causale convenable [...] les deux événements n'étant liés que par leur sens » (cité par Marie-Louise von Franz).

Pour Jung, les événements synchronistiques reposent sur la simultanéité de deux états psychiques différents ; l'un de ces états est relié à une cause probable (de notre monde cartésien, dirions-nous), l'autre ne peut pas être déduit du premier (« l'effet suivant la cause »), ni rationnellement expliqué, et pourtant, *a posteriori*, quelque chose s'explique ou se vérifie, ou pourrait se vérifier, comme si l'événement extérieur était en relation avec l'état intérieur du sujet... les jungiens mystiques parleraient d'état modifié de la conscience ou d'unité de l'univers *(Unus Mundus)*.

Pour Marie-Louise von Franz, jungienne, cette « coïncidence signifiante d'événements psychiques – pensées, rêves ou autres – avec l'aperception d'événements extérieurs, d'ordre matériel, révèle dans un instant ponctuel dans le temps une unité de la matière et de la psyché ».

Ces jungiens se réfèrent aux travaux de Niels Bohr, sur l'ordre involué-évolué de l'univers et de la conscience, et sur les relations paradoxales entre l'onde et la particule – sur le paradoxe d'Einstein-Podolski-Rosen (comme quoi, selon la physique quantique, les effets peuvent parfois précéder les causes, et que ce n'est qu'*a posteriori* que l'on peut déterminer où une bille va choir ou le message secret d'une particule).

Ils pensent que le tout-psyché-physique, manifestation d'une seule et unique énergie de fond, de Jung, se rapproche de celle de Bohr d'un ordre involué-évolué de l'univers et de la conscience.

On peut, avec Michel Cazenave, reprendre en détail les deux cas classiques jungiens de synchronicité et rattacher, avec Jung, le premier rêve de hanneton (scarabée doré) à la clairvoyance et à un rêve prémonitoire, et le deuxième, d'une patiente ayant remarqué que des oiseaux venaient tournoyer devant la fenêtre de la chambre mortuaire, au moment de la mort de sa grand-mère, puis de sa mère, et qui s'angoisse lorsque ces « oiseaux de mauvais augure » reviennent tournoyer autour de sa maison – alors qu'au même moment son mari est victime d'une crise cardiaque ailleurs (Jung, *Synchronicité et Paracelsica).*

Mais alors ces coïncidences parlantes entrent dans un autre cadre que celui de la sérendipité et de la synchronie qui nous intéresse ici.

On peut aussi constater que l'idée que le chant du coq fait lever le soleil était si ancrée dans l'esprit archaïque que l'on en voit encore des traces dans les contes populaires, ou parler de concomitance – différentes donc de la synchronie et de la sérendipité –, et penser avec Pauli que la science est infiltrée par des projections de l'inconscient...

On peut aussi, avec certains chercheurs intéressés par ce phénomène, essayer de rattacher ces phénomènes, non pas forcément à une « unité de l'Univers », nécessitant, me semble-t-il, encore bien des années de recherche, mais au fonctionnement du cerveau comme un tout (Pribram), ou à la physique quantique, remarquant des anomalies dans l'activité des atomes, « fonctionnant individuellement comme au hasard » et « incorporant un aspect partiellement acausal à toutes les manifestations atomiques » (H. Reeves). Selon Reeves et d'autres physiciens modernes estimés, la théorie quantique n'a jamais été prise en défaut, et remet donc en question notre manière de penser traditionnelle.

Une théorie quantique postule – c'est le paradoxe d'Einstein-Podolski-Rosen – que les propriétés des objets, ou du moins des atomes de ces objets, que les « particules et propriétés sont situées et diluées dans un volume d'espace [...] [par une fonction d'onde associée] » et que « ces particules resteraient en contact, quelle que soit la distance qui les sépare, et le temps : ce qui arrive quelque part à l'une influence instantanément l'autre, même si des années-lumière les séparent » (Reeves). Ces hypothèses ou postulats ont aussi des applications en astronomie : « L'observation des galaxies lointaines, écrit encore Reeves, nous montre aussi que tous les atomes obéissent très exactement aux mêmes lois, dans tout l'univers, même s'ils n'ont jamais eu de relations causales entre eux. »

Intuitivement, certains poètes ont fait un lien entre des éléments de la nature n'ayant normalement pas de rapport entre eux. Victor Hugo dans *Les Misérables* écrit : « Qui oserait dire que le parfum d'une aubépine est inutile aux nébuleuses... »

Ces spéculations de Jung sur l'unité du monde sont peut-être un peu prématurées, et, comme l'écrit Cazenave, suspectées de mysticisme.

Il est peut-être trop tôt pour rechercher du côté de la physique quantique.

Mais de toute façon, pour nous, sérendipité et synchronie de Jung sont des facteurs différents.

Le chant du coq

Reprenons avec le psychologue et psychophysiologiste Karl Pribram l'exemple du chant du coq qui précède le lever du soleil. Pourquoi au même moment ? Ou plutôt, pourquoi juste avant puisque, pour nous actuellement, le chant du coq ne déclenche pas le lever du soleil. Pure coïncidence ? « Mais, dit-il, on peut trouver l'explication du phénomène dans les rythmes circadiens innés du coq. »

Il existerait alors (théorie holographique de Pribram) un « ordre impliqué » de la physique qui impose un processus de Fourier dans le cerveau du physicien, et rapprocherait David Bohm de Karl Pribram, la physique quantique de la neurophysiologie et expliquerait peut-être des coïncidences signifiantes, la synchronie et la sérendipité.

Le médecin et physicien américain d'origine hindoue, Deepak Chopra, parle dans *Quantum Medicine* (1989) du mystère de la mémoire cellulaire et des « fantômes de la mémoire et des cellules » et de certains fonctionnements du cerveau, explicables peut-être par la physique quantique et un « saut quantique », qui, dans certaines circonstances, nous ramènerait aux traces vivantes du passé.

Quoi qu'il en soit, la science trouvera peut-être prochainement l'explication de ce phénomène de coïncidences, de synchronicité.

L'apport de Cannon

Toutefois, ces coïncidences de rencontres heureuses, de sérendipité, espace-temps-événements, ou corps-espace-temps-perception d'un sens, avec importance de l'enjeu pour la personne concernée sont fréquentes et entrées dans le monde littéraire et scientifique, ainsi que dans celui de la thérapie, depuis plusieurs décennies.

Walter B. Cannon (1945) appelle « sérendipité » les découvertes scientifiques arrivées par hasard – ce qui est repris dans de nombreux ouvrages sur la recherche, comme celui de Barbach (1965). Cannon précise que pour pouvoir être prêt à trouver des choses comme par hasard ou par chance, il faut être vigilant, être ouvert, prêt à voir et accepter ce qui vient, être comme sur une longueur d'onde qui permette l'ouverture et la saisie, lorsque cela apparaît. Cette qualité est peut-être liée à la tolérance à la « dissonance cognitive » (Leon Festinger) et à l'ouverture à la perception.

Le concept de sérendipité serait donc à la fois une coïncidence synchronique signifiante et importante pour le sujet, la qualité d'ouverture d'esprit, et le don d'apercevoir les choses nouvelles non prévues, d'y réagir et d'en tirer parti pour son bien ou celui d'autrui.

CHAPITRE II

Je crois toujours au père Noël

« On ne chante bien que dans les branches de son arbre généalogique. »

René CHAR

« Comme un vol de gerfauts, hors du charnier natal... »

José María de HEREDIA

« Écrire, c'est survivre. »

Jean-François DENIAU

Dans ma famille, les études à l'étranger, le hasard, la chance d'un hasard heureux, les événements insolites, les voyages, les guerres, les maisons parties en fumée, les aléas de la politique, de l'économie mondiale ou de l'humanitaire, les nouveaux horizons, les rencontres, les fées, les djinns, les lutins ont toujours joué un très grand rôle – un rôle fondateur.

Mon existence est marquée par ce qu'on appelle le hasard heureux, la sérendipité. Je n'ai pas vraiment l'impression d'avoir choisi ma vie, mais plutôt que c'est elle qui m'a choisie. Tout ce qui m'est arrivé d'important, je n'ai eu qu'à l'accepter ou à le laisser passer. Et comme je croyais au père Noël – et je continue d'y croire – ainsi qu'à mon « bon ange gardien » (le *daimôn* de Socrate), il était souvent beaucoup plus tentant d'accepter que de refuser ce que la vie me proposait.

Il m'est arrivé tellement de choses peu croyables dans la vie, tellement de choses en principe dues au hasard, que les deux ou trois fois où j'ai essayé de parler de moi, personne ne m'a crue. Cela m'a servi de leçon ! Depuis, je fais attention. Cette fois-ci, néanmoins, je dirai quand même les choses comme elles sont pour moi, en espérant être entendue et comprise...

Ne pas être crue lorsqu'on parle vrai, vraiment vrai, que l'on dit le fond des choses, ce que l'on a sur le cœur et qui nous est essentiel, c'est une trahison vitale. Les deux histoires qui suivent, fondamentales, personnelles, me sont encore douloureuses plus de soixante-quinze ans après.

Traitée de menteuse, adolescente, pour une histoire vraie

J'avais douze ans. Ma petite sœur, qui faisait du scoutisme, devait partir camper pour les vacances de Pâques avec les éclaireuses. Pour des raisons familiales que j'ignore, mes parents décidèrent de s'absenter et, dans ces conditions, qu'il serait bon que j'accompagne ma sœur.

Les éclaireuses ont accepté. Je suis partie, en surnombre. Le scoutisme m'a plu. Je leur ai plu. J'ai fait ce qu'on appelle chez les scouts ma « promesse »

– promettre de dire la vérité, d'être sincère, loyale et vraie.

Je rentre le lundi suivant à Paris, au lycée Molière, où j'ai suivi toutes mes études. On me demande ce que j'ai fait pendant les vacances. Je raconte ingénument la vérité, que je suis allée aux éclaireuses, que j'ai fait ma promesse et que je suis une vraie scoute, une vraie Éclaireuse de France. Et l'on me répond : « Ce n'est pas vrai, on ne peut pas faire sa promesse sans être passée chez les éclaireuses au moins pendant un an. Ce que tu racontes, ce n'est pas vrai. » Or, je venais de promettre de dire toujours la vérité...

J'avais simplement oublié que toute vérité n'est pas bonne à dire à n'importe qui, que chacun comprend selon son mode de penser (sa programmation interne) et ses habitudes, que le vrai inhabituel « ne passe pas » sans une foule d'explications, et que les gens qui posent une question ne sont pas toujours intéressés à entendre la vraie réponse, toute question n'étant pas forcément une vraie question, mais souvent la simple occasion d'un échange social léger, une « conversation anglaise » : « Il fait beau aujourd'hui. – Oui, un temps de saison. »

Je me souviens que mon cher grand-père maternel avait l'habitude de dire qu'il partait en Amérique alors qu'il se rendait au bout du couloir, aux toilettes. « Je pars en Amérique » fit partie de mon parler quotidien bien avant que je comprenne qu'aller en Amérique – et en revenir vite et souvent –, ce n'était pas toujours se rendre de l'autre côté de l'horizon bleu de la plage de Saint-Quay-Portrieux, en Bretagne, où j'apprenais à nager avec mon père...

L'invraisemblable vrai, non cru, à la Libération

On ne m'a pas crue une seconde fois, en 1944. Je partais du Massif central, en auto-stop, porter un message au front. Une première voiture m'avait emmenée du côté d'Alès ou de Nîmes, où cette fois un Américain me prit en jeep. Il me demanda qui j'étais, quelle était mon histoire et pourquoi je voyageais en auto-stop. Je lui racontai mon histoire récente : la maison venait d'être brûlée par les Allemands, j'étais sinistrée, mon père était déporté, je faisais partie de la Résistance et j'allais porter un pli.

Il me dit : « Ce n'est pas vrai. Vous mentez. Tous les Français racontent la même histoire. »

Je répliquai : « Arrêtez votre voiture tout de suite ! »

Et je m'enfuis.

Je ne pouvais pas tolérer qu'on ne me croie pas dans ce qui était les événements majeurs de ma vie.

La tristement célèbre division Das Reich venait effectivement, le dimanche 5 juin 1944, veille du débarquement de Normandie, de brûler notre maison et mon père était quelque part en déportation. J'étais sans nouvelles de lui.

Depuis, je sais que ce qui m'arrive si souvent par hasard, les gens habituellement ne le croient pas. « C'est trop. »

D'une identité volée, puis retrouvée grâce à une plume

Un de mes premiers souvenirs d'enfance est le suivant. J'ai près de trois ans. Nous sommes à la campagne, dans une datcha des environs de Moscou, ma chambre est de plain-pied sur le jardin, et je dors. Brusquement, ma fenêtre s'ouvre de l'extérieur, un homme saute dans ma chambre en courant et fonce à l'intérieur de la maison. Avant que j'aie le temps de crier ou de dire « ouf », il repasse dans l'autre sens, toujours en courant, saute par la fenêtre, cassant le pot à lait qui se trouvait sur le rebord de la fenêtre. Mon grand-père lui court après, passe en flèche devant moi et saute par la fenêtre, puis mon père, puis mon oncle. C'était un cambrioleur. Ils jouaient en vrai aux gendarmes et au voleur.

Le drame, c'est que cet individu avait volé le portefeuille de mon grand-père avec son passeport et son visa pour revenir à Paris. Or, à l'époque, vers 1922, en Union soviétique, rien n'était plus difficile que d'obtenir un passeport et un visa. Mon grand-père était donc très inquiet.

Quinze jours après, il circule dans un tram ou un bus à Moscou et il voit un monsieur avec un stylo Waterman particulier, qui lui paraît être le sien, celui qui se trouvait dans son portefeuille avec son passeport. Mon grand-père crie, ameute les voisins, appelle la police. On arrête cet homme. C'était effectivement le voleur. Mon grand-père avait fait, quand il était jeune, un voyage aux États-Unis, au cours duquel il avait réalisé son rêve de faire un stage chez Ford, et il en avait ramené un stylo. Il paraissait probable qu'un stylo américain qui lui paraissait le sien, à Moscou, au tout début des années 1920, ne pouvait être que le sien et pas une pure coïncidence. Il a récupéré son passeport et retrouvé son identité grâce à sa plume. Et il est parti pour Paris, comme prévu, retrouver sa famille.

Depuis toujours, je sais pertinemment et de façon certaine que les biens matériels sont faits pour circuler et l'identité (et les pièces d'identité) pour disparaître...

Je sais aussi que ce que l'on perd, eh bien, même si c'est beaucoup plus tard, on le retrouve.

J'ai appris cela très jeune, et, de même, que les maisons peuvent brûler, être cambriolées, et que l'argent va et vient et n'a aucune importance. Cela fait partie de façon intégrante de mon héritage.

On a « tout dans la tête et rien dans les poches », et l'on survit et se débrouille.

C'est la vie...

J'appartiens par ma mère à un milieu très particulier, « l'intelligentsia russe », qui est le milieu de la famille parisienne du père de ma mère depuis le milieu du XIXe siècle. C'est un milieu cultivé, où l'on fait des études supérieures, les hommes comme les femmes, où il y a des livres, de la musique, où l'on est dévoué à autrui, où l'on a un sens social développé, où l'on est envoyé en prison, en Sibérie, en déportation, à l'étranger, où l'on recommence sa vie plusieurs fois, et où ces incidents qu'on pourrait dire traumatisants n'ont pas d'importance, car c'est la vie...

Donc, d'une certaine façon, quand ma maison a été brûlée par les Allemands en 1944, cela m'a paru être la norme familiale et rien d'autre.

Pendant la guerre, je devais partir en Amérique. C'était en 1942, on était à Marseille. Je me rappelle m'être assise dans l'entrée sur ma malle après l'avoir fermée, sachant que j'allais m'embarquer le lendemain. Puis la radio a annoncé que les Allemands venaient d'occuper la zone libre, que les frontières étaient fermées. Je ne partais plus.

J'ai ainsi su très tôt que ce qui est normal et prévu ne se passe jamais, ou rarement... Mais ce n'est pas grave, cela se passera plus tard, et autrement.

Ma vie ressemble un peu au film *La vie est un long fleuve tranquille* avec en filigrane l'absence de mon père, au loin pendant une partie de mon enfance sans que l'on m'en ait donné les raisons. Mon intérêt pour le non-dit familial en découle peut-être.

Ma grand-mère avait la maladie de Parkinson, mon grand-père l'a pris avec légèreté. Cela m'a conduit à penser plus tard qu'on fait de la maladie grave une montagne ou une taupinière selon la façon dont la famille la vit, l'accepte en souriant, ou la dramatise ; car je garde le souvenir de ma grand-mère cessant de trembler au piano et des petits baisers tendres dont mon grand-père l'entourait en lui souriant du fond du cœur. Le regard qu'il posait sur ma grand-mère la faisait vivre comme une jeune femme, belle, normale, aimée par lui et donc par nous tous.

Si aujourd'hui, par cette attitude positive et par une libération symbolique, il arrive que des malades atteints de cancer en phase terminale recouvrent vie et santé, ou des malades atteints du froid mortel de la maladie de Raynaud retrouvent peau rosée et chaleur, ou qu'un malvoyant fatigué, replié sur lui-même, retrouve le monde des couleurs, c'est peut-être aussi parce que mon grand-père m'a appris à me comporter d'une certaine manière face à la maladie et aux limites que l'on impose à autrui.

Certains événements, ou des hasards heureux, ont influencé, transformé du tout au tout, ou sauvé ma vie. Je fais partie des gens qui croient au père Noël et qui croient aux rencontres importantes.

Une rose par la fenêtre ouverte

Un des souvenirs les plus importants de ma vie de petite fille est que je recevais des roses, à Paris, une seule à la fois, par la fenêtre ouverte. Je la mettais dans un verre et elle restait fleurie pendant quelques jours. Je sais que les anges ne passent pas en volant par les fenêtres pour lancer des fleurs à des petites filles. Je sais que cela n'existe pas. Mais je fais partie des gens qui ont reçu des roses lancées par la fenêtre, par des inconnus, et souvent...

Dans notre immeuble du XVIe arrondissement, boulevard Murat, habitait quelqu'un devenu célèbre par la suite : Marcel Pagnol. Je me suis dit : il est impossible que Pagnol m'ait envoyé des fleurs, je dois fabuler. Je n'ai donc jamais raconté cette histoire.

Récemment, vers Pâques, une de mes anciennes élèves, Cathou, m'a invitée à fêter chez elle, à Nice, ses cinquante ans. Parmi les convives, il y avait, en face de moi, le petit-fils de Pagnol. Je profite du hasard, lui raconte cette histoire et demande : « Votre père a-t-il habité boulevard Murat, près de la porte de Saint-Cloud ? » Il répond : « Oui, et il parlait aussi d'une petite voisine toute blonde, une toute petite fille aux yeux bleus, toute bouclée, qu'il aimait beaucoup, à laquelle il faisait des petites farces et des choses gentilles. »

C'était peut-être moi.

Comment je fus sauvée dans un cercueil

J'étais agent de liaison pour la Résistance (Combat, puis MUR) à Marseille, pour Max Castelli, qui travaillait pour Gaston Deferre et François Le Lyonnais.

Puis, nous avons été dénoncés. Il a fallu partir. Je suis partie. Je suis allée à Nîmes.

Entre-temps, j'avais fait un peu d'humanitaire avec les quakers de Marseille et de scoutisme dans un groupe rattaché à l'Armée du Salut.

À une heure du matin, on frappe chez moi, à Alès. « Police. » Le commissaire entre seul : « Je suis là pour vous prévenir que la police viendra vous arrêter demain matin. La Gestapo. Je propose de vous emmener en Espagne avec moi à travers les Pyrénées. »

Je lui réponds : « Je veux bien venir. »

Il me regarde mieux, me touche le front et dit : « Vous êtes brûlante de fièvre, ce sera difficile dans ces conditions, je vais trouver une autre solution. »

Et moi : « D'accord, mais dites-moi, comment avez-vous su, je veux dire, qui j'étais, et comment se fait-il que vous soyez là ? »

Il me répond : « La femme de ménage, comme elle m'entendait de loin lire la liste des gens qu'on allait venir arrêter demain matin, a retenu votre nom. Comme elle fait partie de l'Armée du Salut et que vous avez été recommandée par l'Armée du Salut reliée aux scouts de Marseille, elle m'a dit : “On devrait faire quelque chose pour elle.” »

Il ajoute : « Voilà ce que nous allons faire : c'est simple, vous allez mourir, vous allez partir en cercueil. »

Je suis donc partie d'Alès en cercueil, puis je me suis installée en Lozère, sous une fausse identité. Quand ma mère est arrivée à Alès, ma logeuse lui a dit que j'étais morte et enterrée. Ma mère a pensé : « Ce n'est pas possible, je l'aurais senti. » Elle a réfléchi, cherché et trouvé moyen de me retrouver en Lozère.

Je sais donc que les liens familiaux sont importants, mais aussi que des liens occasionnels puissants peuvent se tisser entre des gens qui ne sont pas forcément des amis de toujours. Je pense à cette femme qui était femme de ménage chez le commissaire, je ne connais pas son identité, je ne l'ai jamais rencontrée, mais elle m'a sauvé la vie.

Ces rencontres dues au hasard, à la « chance d'un hasard heureux », sont fréquentes dans ma vie. J'ai essayé de rechercher comment ces choses étaient possibles. J'ai alors découvert le concept de sérendipité : les découvertes faites comme par la chance d'un hasard heureux, qu'on saisit au vol.

Mon prénom est-il mon prénom ?

J'ai eu une enfance à peu près sans histoires. Je suis née à Moscou. J'ai été élevée à Paris, à Passy, vers 4-5 ans, puis, après la grande crise économique de 1929, à Auteuil. À l'époque (1925-1930), c'était quasiment un village, avec des terrains vagues, sur les anciennes fortifications à demi démolies, envahies par une sorte de « maquis », et de vraies vaches normandes à la ferme d'Auteuil.

On vivait en famille, avec mes parents, au voisinage de mes grands-parents, qui ont tout perdu au moment de la crise de 1929.

En rentrant du lycée, j'allais goûter chez eux. Ma grand-mère était souvent au piano, jouant les romantiques, Chopin, Schubert, Brahms, Mendelssohn... Et mon grand-père parlait de sa vie.

Quand a-t-il parlé de sa sœur morte ? Je ne sais pas.

Elle s'appelait Anne. Docteur en chimie, elle avait été mariée à un assistant de Charcot ; ils étaient morts en 1901, à Paris, à la suite d'une mauvaise manipulation. Grand-père avait placé des photos de sa sœur dans un grand cadre appelé « pêle-mêle », parmi diverses autres photos de famille.

Ma mère a accepté qu'on m'appelle Anne en souvenir de la sœur de son père, à condition que dans ma famille personne ne m'appelle Anne, car Anna, en russe, lui paraissait vulgaire – malgré Anna Karenina... Je ne suis Anne qu'en dehors du cercle familial. J'ai également souvent été appelée Annie, Ania, voire Éliane (pendant l'Occupation). Dans ma famille, encore aujourd'hui, on m'appelle Assia, qui est un prénom russe courant.

Une des particularités de ma famille, comme probablement dans d'autres familles, c'est que toutes les filles partagent, de génération en génération, les mêmes prénoms : Anne, Marie, Hélène, Isabelle, Élisabeth, Nathalie. Pour distinguer les cousins, le diminutif est impératif. Ainsi, pour Élisabeth : Babeth, Lise, Élisa, etc.

J'étais scolarisée au lycée Molière. J'y allais souvent à pied. On allait faire du vélo au bois avec mon père, et boire du lait qu'on voyait traire à la ferme, à l'entrée du bois.

Il y avait de nombreux « villages » à Auteuil, avec des ateliers d'artistes, à petit budget, des orgues de barbarie dans la rue : on a entendu chanter la môme Piaf, et bien d'autres...

On voyait de nos fenêtres un campement de romanichels, avec roulottes, feux de bois et chevaux, et des péniches lentes fleuries transportant du charbon, enrubannées d'oriflammes de linge flottant au vent.

On jouait souvent aux gendarmes et aux voleurs, sur des kilomètres, sur les anciennes fortifications, entre la Muette, Auteuil et la Seine. « Sous le pont Mirabeau coule la Seine... » De l'autre côté, il y avait un camp d'aviation et des aviateurs d'essai, dont les fils Farman. On y allait voir... et rêver... Les grands oiseaux et les avions font partie de ma vie, les voyages, les aviateurs, *Vol de nuit*...

Comme un vol de gerfauts...

La mort de ma petite sœur

J'avais à la fin du lycée une nouvelle amie, Nina Reicyn, qui enchantait mon meilleur ami de l'époque, André Salmanoff.

Pour ceux qui connaissent l'histoire de la médecine psychosomatique, le père d'André était le docteur Alexandre Salmanoff, qui avait été le médecin de Raspoutine, lequel était le conseiller ivrogne de la tsarine. Il habitait à Boulogne, face au stade, presque à Auteuil, près de la piscine Molitor, et avait créé des méthodes pour soigner un grand nombre de maladies par des médecines naturelles, très à la mode à Paris. Son livre, *Secrets et sagesse du corps*, se vend et se travaille encore aujourd'hui.

André se considérait comme mon grand frère. Lui et Daniel, son jeune frère, étaient un peu plus âgés que moi. Nous passions notre temps à jouer de la guitare et à chanter en chœur des chansons tsiganes et russes.

André désirait sortir avec Nina Reicyn, dont la mère était très stricte : elle ne voulait pas que sa fille sorte sans surveillance avec un garçon... On m'a donc prise comme chaperon. Je partais avec eux. On se promenait dans les bois, on canotait sur le lac du bois de Boulogne. Nina, qui était étudiante en psychologie à la Sorbonne, m'a entraînée à suivre le dimanche matin, à l'hôpital Sainte-Anne, les présentations de malades et les cours de psychopathologie de Georges Dumas et André Ombredanne.

À partir de là, je me suis tellement ennuyée au lycée que j'ai passé mon bac à la fin de la seconde.

Le drame de ma jeunesse a été la mort de ma sœur, à quatorze ans, d'une maladie inconnue – probablement un virus filtrant au microscope : un érythème polymorphe aigu – à l'époque de mes débuts à l'université. Je faisais des sciences, de la physique, j'avais même intégré une grande école : j'avais été la première femme admise à l'Institut supérieur d'optique. La mort de ma petite sœur a été un très grand choc, dont je ne me suis toujours pas tout à fait remise. J'ai décidé, à ce moment-là, de rompre avec tout ce qui était ma vie d'alors et tout ce qui risquait de me faire rencontrer des gens qui me demanderaient des nouvelles de ma sœur ou me présenteraient leurs condoléances.

Je suis en principe ouverte et chaleureuse, mais je ne parle de ma vie personnelle, de mes sentiments, de mes problèmes à personne. J'ai horreur qu'on m'en parle, qu'on me questionne sur ma vie privée. J'ai horreur qu'on me demande comment je vais. Et d'habitude, j'ai horreur de me raconter. Je sais que nous avons tous des plaies secrètes ou mal refermées et que les « questions de conversations innocentes » appuient toujours là où cela fait mal ; je ne désire pas être forcée de parler de ma sœur, si ce n'est pas de mon choix. Toutefois, naturellement, lorsque l'on vient chez moi, à Paris ou en Haute-Savoie, on peut voir une photo de ma sœur – les gens croient souvent qu'il s'agit de ma fille – et, de même, des poupées russes, car je ne cache pas que je suis d'origine russe par ma mère, laquelle a été en partie élevée en Suisse, à Montreux, ce qui fait que le massif du Mont-Blanc fait depuis toujours partie de mon histoire.

Je pense qu'il ne sert à rien de bavarder sur ce qui ne va pas. Je préfère, au besoin, faire ou refaire une « tranche » de thérapie ou d'analyse pour en parler utilement... Le langage exprime bien cette impossibilité : on peut dire qu'on est orphelin de père ou de mère, mais on ne peut pas dire qu'on est orphelin d'enfant, ou de sœur, ou de frère. La langue n'a aucun mot pour ce drame. La plupart des gens font donc comme moi : ils « la bouclent ». Il manque une Mamie Rose – du nom de l'héroïne du roman d'Éric-Emmanuel Schmitt, *Oscar et la dame en rose* – pour nous aider à trouver comment parler de la mort d'un enfant.

L'importance du secret

Ainsi, lorsque ma petite sœur est morte, j'ai rompu avec tout le monde. Mais je suis restée amie avec Nina.

Quand j'avais quinze ans, je voulais suivre des études de médecine pour faire ensuite de la psychiatrie, de la criminologie, et soigner les gens. Mais dans ma famille la psychiatrie était mal vue (je rappelle que la sœur de mon grand-père est morte des suites d'une expérience dans le laboratoire de Charcot). Ma mère m'a permis tout, sauf ce que je voulais vraiment. Elle me disait que la médecine, la psychiatrie et la psychanalyse, c'était trop long, trop compliqué vu notre situation financière et, surtout, mon « médiocre état de santé ». J'ai quatre-vingt-dix ans maintenant, et je travaille énormément, toujours...

Ma famille m'a interdit « la psy », mais j'ai suivi des cours, en douce, et « en plus ».

Au cours de Georges Dumas, j'ai rencontré quelqu'un qui a beaucoup influencé ma vie, ma manière de penser et d'être : Pierre Boutang. Il a depuis écrit sur le secret... À l'époque, il était étudiant en philosophie. On se réunissait à l'École normale supérieure, turne 27. Il y avait Boutang, Boussinesq et d'autres, puis Clavel (promo 38). J'écoutais pendant qu'ils commentaient Platon et discutaient « philo ». Les différences d'opinions politiques n'étaient même pas évoquées, car comme le disait déjà le sage Mon-Zah, « l'amitié et la musique transcendent les choix personnels ». Ensuite, nous écoutions en silence Mozart et Beethoven... et chacun poursuivait son chemin, enrichi.

Il m'arrivait aussi d'aller danser avec Maurice Clavel, au bal de l'École ou à d'autres grands bals.

Ce fut un tournant essentiel dans ma vie et ma manière de penser que d'avoir fréquenté des gens passionnés et passionnants, et d'avoir volontairement lu des passages de Platon, notamment ceux consacrés à Er le Pamphylien : pour choisir la vie, il faut tenir parole et tourner la page – autrement dit, être capable de rechercher la personne aimée dans les Enfers et de repartir vers la vie sans se retourner, de surmonter un traumatisme, d'en faire le deuil, de s'en libérer en « l'oubliant », si j'ose dire, en choisissant la vie. Bien plus tard, j'ai retrouvé cette manière de voir dans « l'effet Zeigarnik », du nom d'une élève russe de Kurt Lewin.

J'ai donc rencontré lorsque j'avais quinze ans des gens brillants et secrets s'intéressant au secret. Maintenant, je m'intéresse moi-même au secret dans les familles et je travaille les secrets transgénérationnels...

Puisque je voulais changer de monde et de milieu après la mort de ma sœur, j'ai « fait mon droit », ce qui était l'autre métier de ma famille. Je me suis inscrite à la faculté de droit, où j'ai rencontré par hasard, après m'être assise, le premier jour, près de l'un d'eux, quelques personnes : Yvan Régis, François Gendreau, Mireille, Françoise, Lucie Bruneau-Varilla, Pierre Ranc, d'autres encore. Nous formions un petit groupe de travail amical et je les suivais aussi, en auditrice libre, à Sciences Po.

Je suis licenciée en droit. Pour gagner ma vie, pendant quelques années, en particulier durant la guerre, j'ai pu travailler comme juriste dans le service « Sinistres » des assurances La Concorde.

J'ai terminé mon droit dans des conditions un peu particulières. C'était la « drôle de guerre ». Le 15 mai 1940, ce fut la percée de Sedan et le tragique réembarquement des troupes alliées à Dunkerque. Le 4 juin, les blindés allemands déferlaient. Ils fonçaient sur Paris. Yvan Régis, dont le père était député, nous prévint que les Allemands arrivaient, que le gouvernement quitterait Paris le 10 juin, qu'on devait fuir. Et nous sommes parties, ma mère et moi.

Je me rappelle avoir rempli un petit sac à dos avec mes livres de droit, une brosse à dents, une blouse blanche et un pull-over. Après avoir escaladé les grilles de la gare de Lyon, ma mère et moi avons pris le dernier train quittant Paris avant que les Allemands n'y entrent. Nous sommes arrivées à Vichy, chez une grand-tante. J'ai aussitôt organisé, à la gare, avec les moyens du bord, c'est-à-dire rien sauf nos bras d'éclaireurs et de scouts bénévoles, l'aide aux réfugiés, aux trains de réfugiés, qu'on ravitaillait en eau. J'ai passé ma licence en droit à Clermont-Ferrand, où l'université de Strasbourg s'était repliée.

Le 18 juin, c'était l'appel du général de Gaulle. L'espoir revenait, on espérait les Américains de jour en jour – espoir... lointain. Le 22, l'armistice était signé par le maréchal Pétain, le héros de Verdun.

Mon père, ce héros au sourire si doux, disparaît

Je suis donc partie de Paris à l'arrivée des Allemands. Et je ne suis jamais rentrée... Je n'ai jamais revu mon père...

C'est une des choses difficiles de ma vie, les derniers échanges que j'ai eus avec mon père. Mais je ne savais pas que ce serait la dernière fois. Nous partions, ma mère et moi ; lui voulait rester, je crois pour des raisons de travail (il allait faire de la Résistance). Et je lui ai demandé de poster une lettre, pour un ami à qui je tenais à donner mon adresse. Poster ce mot, c'est la dernière chose que j'aie demandée à mon père...

Je ne lui ai pas dit au revoir, ni adieu. Il est mort atrocement, en route vers la déportation. Je ne l'ai su que bien plus tard, par un homme plus jeune qui, lui, avait réussi à descendre du train.

La veille du débarquement en Normandie et du début de la Libération, nous nous trouvions en Lozère. À ce moment-là, les Allemands sont venus brûler la maison. S'y trouvait un dépôt d'armes et de munitions. Cela m'a paru normal et « de bonne guerre ».

Nous sommes parties sous le feu des blindés allemands. Nous nous sommes cachées dans la montagne.

Nous partions sans rien. Réellement sans rien. Ni bagages, ni papiers, ni sac, ni carnet d'adresses, ni argent...

Je trouve cela très sain, de n'avoir rien.

Rien de rien

De fait, d'être libre de toute attache, de tout lien, de tout objet matériel et des contraintes qu'ils produisent, je me sentais libre, libre comme l'air, libre comme l'oiseau (mais un oiseau pourchassé), avec un sentiment de liberté jubilatoire, enfin délivrée de tout, dans une sorte de « lâcher prise ».

« Non, rien de rien, non, je ne regrette rien. Ni le bien qu'on m'a fait, ni le mal... » chantait Édith Piaf.

J'avais décidé ce jour-là de faire le grand nettoyage de printemps, retardé parce qu'en Lozère il fait plus froid.

On était dimanche, le 5 juin 1944. J'avais des sandales éculées, une robe un peu déchirée.

Quand les blindés sont arrivés, moteur coupé, en tirant, nous avons fui comme cela, vite, très vite... Et comme nos voisins avaient des enfants en bas âge, j'en ai pris un dans les bras – et rien d'autre.

Et nous avons couru. Vite, très vite.

J'ai été touchée par la gentillesse des gens au passage, ces inconnus qui nous tendaient de l'eau, du pain, des paysannes en larmes qui nous faisaient des signes d'amitié.

C'était extraordinaire de solidarité, d'amour dans l'impuissance, et tout cela dans le silence. Indicible et inoubliable...

Nous dormions dans une grange dont le toit laissait passer la pluie. C'est un miracle que nous soyons restés vivants. Les Allemands voulaient ratisser la montagne et les forêts. Mais le lendemain, lundi 6 juin 1944, le débarquement avait lieu. Hitler rappela toutes ses divisions. Les recherches s'interrompirent. Les Allemands eurent juste le temps de terminer ce qu'ils avaient commencé. Ils amenèrent des experts dans la maison. Les experts embarquèrent ce qui les intéressait. Après quoi, ils lancèrent des bombes incendiaires.

Comme la maison de ma grand-mère avait déjà été brûlée, et comme, avant cela, la maison de mon arrière-grand-mère avait elle aussi été brûlée, que ma propre maison fût brûlée à son tour ne me tracassa pas outre mesure...

En revenant vers la maison, quelques jours plus tard, seul mon petit chat gris – semi-sauvage – m'attendait sur les marches, devant les murs fumants, à ciel ouvert.

Des cendres, j'ai ramassé une petite cuillère noircie. Je l'ai toujours, bien en évidence, collée sur le placard blanc de ma cuisine.

On n'avait plus rien : c'était à la fois la pauvreté et le dénuement absolus – mais on n'est pas pauvre quand on a la jeunesse, la santé, l'énergie, qu'on a fait de bonnes études et que l'on croit en la vie.

Après, ma mère a fait une crise cardiaque. C'est normal.

Je trouvais cela plutôt passionnant, d'avoir tout perdu, de vivre sans rien, quasi à la bonne étoile, voire dans une vieille masure délabrée. Mais ma mère, elle le vivait plutôt mal. Il a fallu la conduire en cardiologie. Nous sommes parties en auto-stop. Arrivées à une croisée de chemins – d'un côté, on allait vers Nîmes ; de l'autre, vers Montpellier – j'ai décidé que nous irions là où la première voiture qui nous accueillerait se dirigeait. Ce fut Montpellier. Là, je fis hospitaliser ma mère d'urgence.

Psychologue par hasard

À Montpellier, j'ai fini par retrouver mon groupe. Nous étions en relation avec le PC de Carrel ; il m'arrivait de faire l'agent de liaison ; puis ils sont partis au front, pour la campagne d'Alsace, le 25 décembre 1945, avec la brigade légère du Languedoc (81e RI). Avec le MLN, j'ai aidé à reconstruire des écoles, des hôpitaux, une administration, la presse. J'ai consacré, avec d'autres, beaucoup de temps au journal *Le Midi libre*. Nous passions au « marbre » toutes les nuits avec Jacques Pizard, et parfois avec Roubaud et Lisa : on discutait avec le préfet régional, Jacques Bounin, on circulait beaucoup, avec un garde du corps. On nous avait donné des uniformes bleu marine (j'ai longtemps conservé le mien, et je dois encore avoir le brassard FFI), et j'avais un port d'arme et un revolver dont je ne me suis jamais servi et qu'on m'a volé depuis.

Parfois, on nous tirait dessus. Un jour, la voiture dans laquelle je circulais fut prise pour cible. Même si je n'étais pas visée personnellement, mon corps bien vivant se trouvait dans le véhicule... Plus tard, la descente des Champs-Élysées fut presque enivrante. On espérait... beaucoup... Puis ce fut la désillusion. Au nom de la réconciliation nationale, de Gaulle minimisait la Résistance. Le retour à la vie civile ne s'est pas faite sans heurts pour nombre d'entre nous.

Par hasard, on m'a demandé à Montpellier de faire des enquêtes pour le Service de sondages et statistiques de l'opinion publique. L'une de ces enquêtes concernait la psychologie. J'ignore totalement pourquoi. Mais c'est ainsi que je suis montée à Paris, en 1946-1947, pour interviewer Henri Piéron, qui dirigeait l'Institut de psychologie.

L'entretien fini, je descends l'escalier, et je tombe sur un homme qui s'écrie : « Anne ! Que faites-vous ici ? » C'était André Ombredanne. Il était en train de monter, à Paris, le Centre d'études et de recherches de psychologie et de psychotechnique (CERP), rattaché à la fois au CNRS et au ministère du Travail. Il me dit : « Si Nina avait vécu, je lui aurais demandé de venir avec moi comme assistante. Puisque vous étiez sa meilleure amie, venez. »

J'ai donc accepté mon premier poste de psychologue (en l'occurrence, bénévole) sans jamais l'avoir ni cherché ni demandé.

Une demi-heure plus tôt, alors que j'interviewais Piéron, celui-ci m'avait demandé : « Pourquoi ne feriez-vous pas vos études de psychologie ? On va enfin en créer de vraies. »

Je me suis donc retrouvée parmi la vingtaine d'étudiants de la première licence de psychologie qu'on a créée en France en 1947, avec les moyens du bord.

Il n'y avait pas de livres. Et personne ne savait ce que pouvait bien être une psychologie détachée de la philosophie, de la psychiatrie et du roman populaire.

Je me souviens du premier cours de Daniel Lagache, médecin psychanalyste, qui nous a dit : « On ne peut pas faire de psychologie et l'on ne peut pas aider utilement les autres, si l'on n'a pas suivi une psychanalyse. Faites-vous psychanalyser. » C'était clair, c'était logique ; deux ans plus tard, j'entamais une analyse.

Mais pour le moment, on n'avait rien pour travailler. Étant plus âgée que la plupart des étudiants et ayant un peu l'expérience de la presse, j'ai proposé, avec Gérard Milhaud, de créer un Groupe d'étude de psychologie des étudiants de l'université de Paris et de fonder le *Bulletin de psychologie*. Cette revue avait un objectif : pallier le manque de manuels. On y publiait nos notes de cours, relues ou non par nos professeurs. Comme c'était plutôt « maigrichon », nous avons décidé de compléter ces cours par des conférences données par des spécialistes que l'on inviterait.

On avait besoin de bénévoles ; j'en fus, disponible et corvéable.

Le gérant officiel du *Bulletin de psychologie* était André Kirshen (résistant à 15 ans et déporté tout jeune). Je l'ai aidé, puis je lui ai succédé comme « homme à tout faire ».

Mon premier invité fut Meyerson, qui pleura d'émotion de parler à la Sorbonne, devant des étudiants, et qui disait qu'il n'avait jamais passé sa thèse, qu'il n'était pas professeur. Il était difficile d'enseigner sans avoir de thèse d'État.

Mon second invité fut Otto Klineberg, qui vint parler de psychologie sociale. Et je me suis dit : voilà ce que je veux faire.

Klineberg était professeur à l'université Columbia, à New York. Peu après, je suis partie là-bas. Et il fut par la suite membre de mon jury de thèse de doctorat de psychologie, en Sorbonne.

Coups de foudre

Dans ma famille, non seulement on croit au Prince charmant ou à la Belle au bois dormant, mais on fait des mariages d'amour. Il y a eu de nombreux coups de foudre qui se sont transformés en mariages d'amour pour toute la vie. Mes grands-parents maternels, par exemple.

Mon grand-père Alexandre était fiancé. Comme c'était l'usage à l'époque, à la fin du XIXe siècle, il s'agissait d'un mariage arrangé. Mon grand-père prit le train pour aller rencontrer la fiancée que sa famille lui avait choisie. À un moment, il dut changer de train. La correspondance était longue, il avait une heure à perdre, il sortit de la gare, décidé à visiter la ville.

Voilà mon grand-père qui se promène dans la rue, il voit passer une demoiselle sous une ombrelle blanche, avec une autre dame plus âgée. Sa vue lui coupe le souffle. Il suit ces dames.

Il ne prend pas son train. Il apprend le nom de cette dame. Il se fait présenter et épouse ma grand-mère, qui se préparait à l'époque à devenir pianiste et à donner des concerts. (Si libéral qu'il fût pour son époque, mon grand-père préféra qu'elle ne donne que des concerts privés, à la maison ; ainsi a-t-elle fait de la musique de chambre avec des amis.)

Et ils s'aimèrent toute la vie, une vie pleine de musique et de poésie, nous en sommes témoins – des témoins émerveillés et admiratifs, car la vie, la maladie, les pépins, le manque d'argent et les maux de la vieillesse ne les ont pas épargnés.

Dans mon histoire familiale, l'amour, le coup de foudre, cela se passe ainsi !

Mais exister, ce n'était pas si simple, car dans ma famille, il y avait eu tant de femmes réputées pour leur beauté, tant d'hommes réputés pour leur intelligence, leur science et leur énergie, qu'il restait bien peu de place pour les autres, dont moi.

La grâce était représentée par mon arrière-grand-mère maternelle Hélène et par ma tante Malvina ; l'énergie et le savoir, par la tante Valentine, une des premières femmes médecin radiologue ; et l'intelligence, dans ma génération, on l'attribuait avec raison à ma quasi-jumelle, ma cousine Natalie, la forte en thème, rieuse, bonne en musique, en confitures et en tennis, major de sa promo en médecine – parfaite en tout...

Ma famille, je le précise ici, c'était ma famille de Paris, la branche maternelle. Mon père était le partenaire d'échecs et le grand ami de mon grand-père maternel. C'est ainsi qu'il avait rencontré et épousé ma mère. Sa propre famille, qu'il avait quittée très jeune, habitait très loin ; je ne les ai pour ainsi dire pas connus.

Mon légionnaire

Ma vie affective s'est aussi organisée de cette manière, comme par la chance d'un hasard heureux, par sérendipité. Par une rencontre.

J'ai croisé dans l'escalier de la Sorbonne, le jour où l'on devait changer les billets de banque, en février 1948, Mme Nony, une assistante de psychologie, qui m'a demandé de lui rendre le service de passer dîner chez elle : « Je donne un petit dîner informel ce soir en l'honneur d'un étudiant brillant, mais nous sommes treize à table, il y a des gens superstitieux, voulez-vous faire la quatorzième ? »

Cela ne m'arrangeait pas beaucoup parce que je venais de rencontrer un garçon intéressant avec qui j'avais justement rendez-vous à dîner. Mais elle était très gentille, j'ai donc dit oui, mais que je ne resterais peut-être pas jusqu'au bout.

Le soir venu, je suis arrivée au coin de la rue avec ce garçon, je lui ai donné rendez-vous au café, je suis montée chez Mme Nony, et l'on m'a placée à la droite d'un inconnu, un étudiant.

Cela s'est passé comme cela : au hasard de la vie.

Il se trouvait qu'on faisait un repas pour fêter à la bonne franquette les fiançailles de cet étudiant avec la fille d'un grand patron de l'industrie. Je crois qu'elle a eu peur, n'a pas pris son train et n'est pas venue.

On m'a donc mise à côté de Marco Schützenberger. Nous avons parlé. À la fin, il a proposé de me ramener chez ma mère. J'ai dit oui. Dans le taxi, il m'a demandé si je voulais l'épouser. J'ai dit oui...

J'ai réveillé ma mère en rentrant. Je lui ai dit : « Je vais bientôt me marier. » Ma mère m'a cité un nom. J'ai répondu : « Non, c'est quelqu'un d'autre, que je viens de rencontrer ce soir. » Ma mère m'a donné une double aspirine, une tasse de thé léger, et m'a dit d'aller d'abord dormir. Le lendemain matin, elle m'a réveillée : « Il y a quelqu'un qui s'appelle Chu, Schu... quelque chose comme ça, au téléphone. Tu n'as peut-être pas rêvé hier soir. »

Je ne cherche pas les choses. Elles m'arrivent.

Marco revenait de faire du déminage sur les plages de Normandie. Chaque fois que j'entends Piaf chanter : « Il était mince, il était beau, il sentait bon le sable chaud, mon légionnaire », cela me fait penser à lui. (Ne cherchez pas, je n'ai été mariée qu'une fois dans ma vie.)

Alors, nous avons commencé à nous fréquenter, Marco et moi.

Il s'intéressait à un inconnu, un certain Moreno, qu'il avait découvert. Étudiant en médecine, Marco lisait beaucoup, de tout. Il faisait les premières recherches en Europe sur la sociométrie. Il m'a demandé de lui donner un coup de main. Je l'ai fait, bien sûr. Je l'aimais. J'aurais fait n'importe quoi, même de la sociométrie.

Puis je suis allée présenter les recherches auxquelles je participais au CERP au Congrès international de psychologie d'Édimbourg. Étudiante sinistrée, je n'avais pas d'argent ; j'y suis allée en auto-stop. J'ai fait ma communication, qui a intéressé des personnes assises au fond de la salle. L'une d'elles s'appelait Hardy Lubin. Il était statisticien. L'autre s'appelait Max Hamilton. Il était médecin psychiatre. Ils ont posé des questions. Ils ont dit : « Les statistiques de cette recherche sont très intéressantes. » J'ai répondu : « Je ne peux pas vous en parler vraiment. Elles ont été faites par un ami, Marcel-Paul Schützenberger, et il est en France. »

Lubin et Hamilton lui ont envoyé son billet d'avion. Marco est arrivé le surlendemain. Nous avons discuté psychologie et statistiques tous ensemble.

J'ai épousé Marco peu après, le 30 août 1948, à Londres, rapidement, parce qu'on venait de lui proposer un poste à l'université de Londres. Max Hamilton travaillait avec un professeur (Penrose, je crois) que les travaux de Marco intéressaient et qui voulait le rencontrer. Il lui a proposé du travail et un poste universitaire. Il a demandé : « Êtes-vous marié ou célibataire ? » Marco a dit : « La dame est de l'autre côté de la porte. » Le professeur m'a fait entrer. Il nous a expliqué que le salaire de l'université de Londres dépendait non seulement des titres universitaires, mais aussi du statut matrimonial, et que si Marco avait l'intention de se marier, autant qu'il le fasse tout de suite, avant de signer son contrat. Comme on n'avait rien ni lui ni moi, au sortir de la guerre, ce poste semblait une bonne idée. Ce professeur nous envoie nous renseigner, de l'autre côté de la rue. L'employé nous demande nos passeports et nous demande de revenir le lendemain.

Le lendemain, il dit que tout est en règle et ajoute : « Si vous voulez, je vous marie demain matin. » On s'est regardés, surpris. On était fauchés. On s'est dit : « Avoir un poste à Londres, c'est intéressant ; nos parents n'ont pas d'argent, autant leur économiser les frais d'un mariage. » On a donc envoyé un télégramme à nos deux familles : « On se marie demain. »

Et nous nous sommes mariés. Hamilton et Lubin étaient nos témoins. Nous sommes restés amis à vie avec eux.

Marco et moi, nous voulions de toute façon nous marier. Nous l'avions déjà annoncé à nos parents et amis, mais nous pensions le faire « normalement », c'est-à-dire en France.

Lorsque nous sommes revenus, la mère de Marco s'est opposée à ce qu'il parte à l'étranger. Nous sommes donc restés à Paris, tirant le diable par la queue, lui faisant des recherches comme médecin avec le professeur Turpin à l'hôpital Saint-Louis, et moi comme assistante de recherche au CERP.

Jamais sans ma fille

Pendant deux ans, tout en poursuivant mes études, j'ai donc fait des recherches en psychologie (elles portaient sur la validité des tests de personnalité) ; puis j'ai été salariée dans ce centre comme chercheur. En outre, je dirigeais le *Bulletin de psychologie*.

Entre-temps, j'avais été choisie... pour l'octroi d'une bourse d'études. L'Aide alliée à la Résistance avait demandé à toutes les régions de France de fournir des noms pour qu'on leur donne des prix. La région de Montpellier, qui était ma région, a transmis mon nom...

J'avais été secrétaire régionale du Mouvement de libération nationale pour le Languedoc-Roussillon, à la Libération ; ils m'ont donné ce prix.

Après quoi ils m'ont écrit des États-Unis qu'ils

étaient navrés mais qu'ils n'avaient plus d'argent pour que je vienne là-bas à l'université.

C'est la vie. Je ne suis pas partie en Amérique, encore une fois, au tout dernier moment.

Je suis donc restée en France, et j'ai continué et fait ma vie, comme prévu.

Je n'étais pas mariée avec Marco depuis très longtemps quand le mari d'une de mes grand-tantes, l'oncle Léon, me téléphona de New York pour me dire qu'il avait lu dans le *New York Times* que je venais de recevoir le prix Soroptimist international.

Il s'agissait d'un Rotary, un club *(Service Club)* de femmes ayant une profession libérale (une par profession et spécialité) et qui étaient considérées comme les meilleures de leur profession.

Il y avait des clubs Soroptimist dans le monde entier. Depuis peu, ces clubs avaient créé un prix international féminin. Je ne sais pas qui a eu le prix la première fois, ni la seconde, mais c'est moi qui l'ai eu pour la troisième édition.

J'ai eu le prix sans les connaître et donc sans me présenter – un peu par hasard ou par la chance d'un hasard heureux. Elles sont restées trois jours sans se décider à qui donner le prix. Chacune défendait sa candidate. Elles ont fait dix ou douze tours de scrutin. Elles se sont crêpé le chignon. Elles en ont eu assez.

Alors, la présidente a demandé à la secrétaire de l'Institut international de l'éducation de leur apporter trois dossiers.

Et cette dame a apporté trois dossiers, dont le mien. (Elle m'a dit par la suite qu'elle avait retenu mon dossier parce que j'étais une « bonne perdante » et aussi parce que les feuilles étaient attachées par un trombone d'une couleur inhabituelle.)

Le jury a choisi de me donner le prix parce que je voulais faire de la dynamique des groupes, que personne ne savait ce que c'était, et qu'il leur avait paru intéressant qu'en France une personne le demandât.

Comme je l'ai dit, je m'intéressais à la psychologie sociale et à la dynamique des groupes, dont l'enseignement se faisait à l'époque en France pour la première fois, par des philosophes et des médecins, nommés pour enseigner dans la licence de psychologie, nouvellement créée, science qui débutait au mieux, mais sans spécialistes en France. Je voulais faire de la recherche-action, mais je voulais y être formée.

C'était la plus grande bourse d'études qu'on pût avoir. Le temps qu'ils me la donnent, j'étais enceinte. Ils m'ont alors demandé de ne pas venir. Ils avaient peur que je donne naissance à un enfant sur le sol américain, qui aurait été de nationalité américaine. Mais les choses ont fini par s'arranger et je suis partie, après mon accouchement à Paris, avec mon bébé : « Jamais sans ma fille. »

L'influence de Kurt Lewin

D'accord avec mon mari, j'ai accepté la bourse et suis partie aux États-Unis. J'ai suivi des études spécialisées postuniversitaires à l'université du Michigan (Ann Arbor), au Research Center for Group Dynamics que les élèves de Kurt Lewin avaient fondé.

Mon mari était un être étonnant. Quand nous nous sommes rencontrés, il était étudiant en dernière année de médecine. Quand nous nous sommes mariés, en 1948, nous avons décidé l'un comme l'autre de nous octroyer la liberté que nos parents ne nous avaient pas donnée. Nous avons cessé de manger à heure fixe des choses raisonnables. Nous mangions seulement ce qui nous faisait envie. Beaucoup de mets simples, en omettant les légumes : du « caviar rouge », avec un peu de vodka, beaucoup de blinis. Je suis devenue experte en steak-salade et omelettes.

Et nous avons enfin fait, à vingt-neuf ans, les études que nous avions envie de faire.

Marco a fait des études de mathématiques, ce qui l'a amené à être professeur à la Sorbonne, professeur invité au MIT et à Harvard, à l'Académie des sciences (membre de l'Institut), considéré comme l'un des co-inventeurs de l'informatique théorique et l'un des derniers humanistes de notre monde occidental par l'académicien André Lichnerowicz. Quant à moi, j'ai fait des études de psychologie et suis devenue plus tard, aussi, professeur à l'université, « expert invité » par les Nations unies et, à plus de quatre-vingts ans, un auteur de best-sellers.

Je suis partie aux États-Unis avec un grand sac à grandes poignées avec une large ouverture où j'avais mis mon bébé. J'ai toujours des sacs comme celui-là. Je trouve cela très commode. J'avais un sac un peu plus grand. Je l'ai fait découper pour faire un trou pour la tête et j'ai emmené ma petite Hélène comme cela, à mon bras...

Marco est parti comme médecin expert en statistiques médicales avec les Nations unies, l'OMS, en Inde, en Indonésie, en Extrême-Orient.

La recherche-action de Kurt Lewin m'avait attirée, la conférence de Klineberg fascinée. Il me semblait que la seule recherche intelligente et possible ne pouvait être que la recherche-action. Pour moi, il était fondamental de faire des choses utiles aux gens, des choses qui servent dans la vie.

Tout le reste, ce sont des réflexions dans un fauteuil et des généralisations, sans recherche et sans l'expérience clinique de terrain. Sortant de la guerre et de l'action, dans une France appauvrie, le contraire m'eût paru du bavardage philosophique au mauvais sens du terme.

Kurt Lewin pensait que la psychologie devait être liée à la vie, à ce qui se passe dans la vie normale et active. À ses yeux, la recherche devait déboucher sur le changement social. « Rien n'est aussi utile qu'une bonne théorie », disait-il. Il a mis en évidence que ce qui paraît stable n'est qu'en équilibre quasi stationnaire, ce qui correspondait bien à ma vie...

Je suis allée chez Kurt Lewin, ou du moins dans son centre de recherches.

En effet, Lewin étant mort en 1947, je ne l'ai jamais rencontré.

Mais j'ai travaillé avec Leon Festinger, qui poursuivait des recherches sur la dissonance cognitive. En 1956, un article de lui sera publié sur ce sujet dans *Psychologie française*. C'est moi qui l'ai écrit en résumant les travaux de Festinger. J'ai toujours pensé qu'en France, pour arriver à faire connaître ses propres idées, il fallait, soit être un homme, soit être modeste, c'est-à-dire, lorsqu'on est femme, mettre un homme en avant.

Leon Festinger et la dynamique de groupe

Marco avait rencontré Festinger à Paris, à une réunion de l'Unesco à laquelle participait également Claude Lévi-Strauss, et il l'avait ramené à la maison. C'est donc par l'intermédiaire de mon mari que j'ai découvert la psychologie sociale appliquée, la recherche-action, la connaissance réelle du milieu de la dynamique de groupe avec des chercheurs de haut niveau.

Pendant mes études à Ann Arbor, Festinger m'avait dit qu'il n'était pas possible de ne faire que de la recherche et qu'il fallait que j'en voie les applications. En juin 1951, il m'a donc proposé de participer aux premiers groupes de dynamique de groupe, au NTL de Bethel, où se rendaient pour le stage d'été les chercheurs et enseignants du centre d'Ann Arbor. J'étais la première Européenne à y suivre un stage de dynamique de groupe.

Pendant trois semaines, pour la première fois, j'allais abandonner ma fille aux gens de la famille chez laquelle nous habitions et qui, par la suite, rencontrant des problèmes de « nid vide », m'ont proposé de la garder et de l'adopter. Touchée de leur attachement à ma petite Hélène, je n'ai pas osé en rire devant eux. Ils ont résolu leur problème en mettant en route, après notre départ, un enfant à eux. Nous avons ensuite gardé des liens pendant plus de cinquante ans.

Festinger a facilité mon adaptation à l'université américaine, m'aidant à créer des amitiés de travail et d'études. À mon arrivée au centre de recherches, comme étudiante en doctorat spécialisé, j'ai été admise dans les séminaires et recherches des anciens collaborateurs directs de Kurt Lewin.

Pendant près de deux ans, j'ai fait de l'observation, avec et pour Leon Festinger et pour Dorwin Cartwright, de nombreux groupes d'évolution, prenant des notes derrière une glace sans tain.

Je rappelle que j'ai soutenu à Paris une thèse de doctorat de psychologie sur la formation utilisant la dynamique de groupe et une thèse de doctorat d'État sur la communication non verbale en filmant des groupes pour les analyser. C'est la suite logique de mes rapports amicaux avec Leon Festinger et de l'intérêt de Marco pour la sociométrie de Moreno.

À l'époque, en 1950, le centre de recherches en dynamique de groupe était dirigé par quatre personnes : Darwin Cartwright, Leon Festinger, Alvin Zander et Ronald Lippitt. Ce dernier trouvait qu'on n'était pas toujours très bien dans les salles du centre de recherches, à l'université, et qu'on était mieux à discuter autour d'un verre de bière ou de Coca-Cola. Il proposait donc qu'on vienne chez lui, discuter, le soir. Nous étions une quinzaine d'étudiants en doctorat. Cette conception des rapports démocratiques était sympathique, mais surprenante pour moi qui venais de France, où l'université était plus que hiérarchisée. Lippitt nous recevait simplement, mais aussi démocratiquement, à son idée, en mettant de quoi boire et grignoter sur la table, avec les prix indiqués, comme dans un self-service : on déposait une pièce de monnaie dans un petit panier, en se servant.

Je ne pensais pas qu'on pouvait aller chez un professeur et que si on y allait, on payait son coca.

Comment j'ai été « kidnappée » pour rencontrer Moreno

Ronald Lippitt était marié à Rosemary, et ils avaient plusieurs enfants. Rosemary m'a dit qu'il n'était pas possible de venir en Amérique faire de la dynamique de groupe et d'ignorer Moreno.

Elle m'a donc « kidnappée » un soir.

Elle m'a dit : « Vous ne voulez pas monter dans ma voiture ? J'ai une petite course à faire. » Je suis montée, et elle m'a conduite à Beacon, dans l'État de New York, à l'Institut Moreno. Le trajet a duré dix-huit heures. Rosemary m'a donc réellement « kidnappée » pour mon bien et ma formation.

Comme elle était une mère de famille responsable, elle avait prévenu la famille d'accueil chez qui nous logions, ma fille et moi, que je ne rentrais pas et ils lui avaient promis de s'occuper de tout.

Mais elle n'avait rien dit, ni à moi, ni à ma toute petite fille, et cela a été dur, vraiment dur, comme surprise – j'ai horreur des surprises, des cadeaux, et de ce que l'on fait pour moi sans me prévenir ni me demander mon accord.

À Beacon, je me suis retrouvée d'emblée, sans rien demander ni rien comprendre, en train de faire du psychodrame. On m'avait immédiatement proposé de monter sur scène, de jouer quelque chose.

Je n'avais pas de problèmes – du moins, je ne pensais pas en avoir. J'avais entamé une psychanalyse, que je poursuivais ; nous étions mariés depuis quelques années et avions un bel enfant ; je faisais les études que je désirai faire, et mon mari aussi. J'étais sûre que je n'avais aucun problème, ni lui non plus. Mais puisqu'on me demandait de jouer, j'ai accepté. J'ai joué quelque chose de banal, le dîner à la maison : je rentrais du travail, le soir, et nous dînions, Marco et moi. Puis nous avons fait un « renversement de rôle » et j'ai joué mon mari rentrant à la maison. Je me suis alors rendu compte, dans le jeu, ce que c'était, pour un jeune médecin, que d'arriver affamé à 6 h 30 du soir, après une journée difficile passée avec des familles de mongoliens à l'hôpital, et de trouver l'appartement vide, pas de lumière allumée, pas d'accueil, pas de repas... Il attend sa femme que des psychologues ou clients à problèmes non médicaux retiennent dans un centre de recherches... et lui, il attend pour manger.

Je n'avais jamais pensé que l'on pouvait voir les choses ainsi, comme de l'autre côté. Cela m'a impressionnée. J'ai alors pris une « décision héroïque », engageant une femme de ménage deux heures par jour qui nous préparait le repas du soir.

Ma formation au psychodrame

J'ignore qui fut le premier psychodramatiste à me faire faire ainsi une « vignette » de ma vie, en 1951, à l'Institut Moreno, car souvent Moreno faisait animer par des collègues ou des étudiants les séances de démonstration ou de formation. Je me souviens seulement que, si j'étais intéressée par des découvertes dues au renversement de rôle, tout cela me paraissait aussi très farfelu.

Moreno et sa femme Zerka (jeune, mais plus âgée que moi) m'ont utilisée pour les aider à organiser leur premier voyage en Europe et en France, après-guerre. J'ai donc fait les courriers nécessaires, en franglais, à des gens que je connaissais. J'ai été bien contente de rentrer au bercail de l'université et de la recherche (en l'occurrence, la recherche-action, à l'université du Michigan, Ann Arbor). Faire de la vraie recherche Avec les chercheurs du centre de recherches en dynamique des groupes. J'ai suivi un stage clinique et pédagogique d'une année universitaire avec Rosemary Lippitt, à Ann Arbor, faisant avec elle du psychodrame pour enfants. (Mon rôle le plus difficile fut de mimer un éléphant crédible pour des enfants – surtout la trompe : un éléphant, ça trompe, ça trompe, ça trompe énormément ! Mais comment jouer en interaction, à quatre pattes, privée d'une jambe ou d'un bras pour faire une trompe préhensile ?)

Rosemary animait aussi, une fois par semaine, un groupe d'apprentissage de comportement social et de relations humaines (*social psychodrama*) pour les étudiants : par exemple, comment inviter une jeune fille à danser ou au cinéma ? Pour une soirée, faut-il lui envoyer un « corsage » (une fleur à se mettre au revers) ? Dès lors, comment choisir la fleur et la couleur ? Faut-il lui demander ce qu'elle portera ce soir-là ? Et comment, sans friser l'indiscrétion ?

À mon retour en France, j'ai fait venir le psychodramatiste James Enneis, grâce à une bourse Fullbright et à l'aide de Juliette Favez-Boutonier, pour une année d'enseignement et de pratique quotidienne du psychodrame. Cela a constitué une merveilleuse, régulière et complète formation au psychodrame triadique, c'est-à-dire au psychodrame clinique centré sur le groupe pour malades mentaux (psychotiques) internés à l'hôpital Sainte-Anne de Paris. Au quotidien, c'est toute une éducation spécialisée que d'apprendre à donner un petit baiser, sans recul, à un malade non lavé, non rasé et qui bave... Et ce sont de grandes satisfactions de voir qu'à la séance suivante, il arrive après avoir pris une douche et qu'à la fin de l'année, après cinq ans d'internement, il a pu sortir de l'hôpital, dans la vie normale... Ensuite, en travaillant à Washington en psychodrame avec des malades criminels psychotiques internés, j'ai réellement appris la clinique et la thérapie de groupe, et à faire confiance au groupe et à son sixième sens clinique.

Par la suite, je suis retournée aux États-Unis, à Pâques et tous les étés, pendant plus de vingt ans de 1958 à 1980, pour me perfectionner à l'occasion de congrès, suivis de stages, à Palo Alto, en petits groupes, à la communication non verbale.

J'ai souvent remplacé Moreno pour animer ses séances de thérapie ou de démonstration à New York (comme d'ailleurs plusieurs de ses bons élèves) et l'ai accompagné comme traductrice, ego-auxiliaire ou co-animateur, à divers congrès et dans plusieurs pays – en France, bien sûr, mais aussi en Espagne et en

Russie, souvent avec Zerka, et parfois aussi avec leur fils Jonathan.

Moreno m'a demandé de représenter le psychodrame dans les instances internationales quasiment depuis la création de celles-ci, après 1951. Rappelons que j'ai cofondé l'Association internationale de psychothérapie de groupe (IAGP). Enfin, j'ai rédigé, à son décès, la nécrologie de Moreno pour *Le Monde* et j'ai fait en 2002 un petit film retraçant son histoire à Vienne pour montrer à la fois son petit théâtre d'essai et sa pierre tombale (cela m'agace toujours qu'on dise tant de choses inexactes sur les grands créateurs et sur Moreno). Sur la pierre tombale d'honneur érigée à Vienne à sa mémoire, on peut lire ses véritables dates de naissance et de mort : 1889-1974.

Mes psychanalystes : Robert Gessain et Françoise Dolto

Étant rentrée en France, en 1952, après avoir travaillé avec Moreno à Beacon et New York en psychodrame, à Washington avec Jim Enneis en psychodrame, et aussi avec l'équipe de Kurt Lewin en dynamique de groupe, et à Columbia avec Klineberg, je désirai intégrer une équipe de psychologie sociale et partager ce que j'avais appris.

Mais les relations furent difficiles avec les universitaires en place... jusqu'à ce que, longtemps après, j'aie passé un, puis deux doctorats, et que j'aie été nommée professeur de psychologie.

Je n'avais pas le style. La guerre, puis la reconstruction, mais aussi des études supérieures dans une grande université américaine aux mœurs et coutumes plus libres, m'avaient donné un certain style et des habitudes de rapidité, de décision et de mouvement...

Lors de la réception organisée à la faculté de lettres de Nice pour mes quatre-vingts ans, j'ai appris avec surprise que j'avais été la première femme professeure à venir à l'université en costume-pantalon, et que l'on m'avait brocardée à ce sujet. Après la neige et le froid d'Ann Arbor, j'avais à tel point l'habitude de venir habillée ainsi qu'en France, j'avais continué sans même m'apercevoir que je me singularisais à mon détriment.

Entre-temps, comme Daniel Lagache l'avait suggéré, j'avais commencé à « balayer devant ma porte » en entreprenant une psychanalyse avec une dame dont j'appris incidemment qu'elle avait dû quitter son association de psychanalyse. J'ai donc cessé de la voir. Aux États-Unis, je m'étais trouvée face à quelqu'un qui ne pouvait s'empêcher de s'exclamer à tout propos : « Ma pauvre enfant ! ma pauvre enfant ! » car le vécu de la guerre et de l'Occupation lui paraissait abominable. J'avais là aussi dû arrêter. En rentrant en France, j'ai décidé de reprendre.

Il me semblait que rien ne pourrait être mieux que le président de la société parisienne de psychanalyse. Je lui ai donc écrit que n'importe quel jour, sauf le samedi (chaque week-end, je me déplaçais hors de Paris ou de France pour animer des groupes de psychodrame payants), je pourrais venir le voir. Sa secrétaire m'a donné un premier rendez-vous le samedi, puis un autre samedi... et encore un autre samedi. Je me suis donc dit : « Il me faut un psychanalyste plus ouvert. »

J'ai pensé que j'avais besoin d'un analyste qui fût également anthropologue. Parce que je rentrais des États-Unis où j'avais fait deux ans d'études en psychologie sociale dans un contexte volontairement interdisciplinaire et anthropologique (le seul endroit où l'on enseignait jusqu'au doctorat inclus la psychologie sociale avec la dynamique des groupes et la communication), dans un ensemble psychologie, sociologie, anthropologie culturelle et spécialisation en dynamique des groupes... Et parce que, finalement, mes racines sont multiculturelles et plurilinguistiques.

J'ai donc été analysée par Robert Gessain, anthropologue, directeur du musée de l'Homme, médecin et psychanalyste, ami de Paul-Émile Victor, ayant fait avec ce dernier quarante expéditions chez les Esquimaux. Gessain est l'auteur d'un livre superbe sur le changement chez les Esquimaux, et d'un article brillant sur le « vagin denté » qui traite de l'angoisse des Esquimaux d'un vagin qui risquerait de les castrer. C'est aussi lui qui a reçu à Paris et remis en état la momie de Toutankhamon et qui a découvert à cette occasion qu'il y avait encore du vivant dans ces os millénaires.

Robert Gessain m'a appris l'importance de commencer à l'heure et de terminer à l'heure : « l'heure, c'est l'heure », « un rendez-vous, c'est un rendez-vous », et l'inconscient s'organise en conséquence.

Je pense que c'est pour cela qu'en mai 1968, pendant la grève générale, j'ai traversé la France en autostop et même une partie de l'Europe de l'Ouest, pour tenir mes engagements du week-end et faire mes groupes de psychodrame malgré tout, quitte à parcourir plus de mille kilomètres en camions divers...

Faire des études tout en travaillant, mariée et avec un enfant, n'était pas une mince affaire. Nous avions, comme beaucoup d'étudiants, des problèmes d'argent. J'étais angoissée pour nos fins de mois. On n'avait vraiment pas un sou.

Je me rappelle, une fois, j'avais payé nos impôts, j'étais trop angoissée pour ne pas les payer en temps voulu.

Il ne restait rien pour vivre.

Alors, je me suis décidée à aller voir le contrôleur des contributions, et lui expliquer la réalité de la situation. Je suis allée le voir, une fois le chèque envoyé – après avoir payé – en disant la vérité : que pour payer les impôts, j'avais donné tout le salaire et nous n'avions rien pour manger. Et à mon grand plaisir, mais aussi à mon grand étonnement, il m'a crue. Il m'a rendu mes impôts. Je sais que toute vérité n'est pas bonne à dire et que je ne suis pas crédible pour bien des gens. Mais c'était vrai, réellement vrai, et il m'a crue.

Pendant plusieurs années, continuant nos études, nous n'avons ainsi pas payé d'impôts. Malheureusement, cela n'a pas duré. Le contrôleur suivant ne voulut rien entendre. Il nous fit un rappel d'impôts – une somme vraiment élevée pour notre tout petit budget. Je ne voyais pas comment faire pour payer. Choquée, je suis tombée dans la rue en sortant... et je me suis retrouvée aux urgences à l'hôpital, en réanimation.

Alors, je me suis endettée. C'était marche ou crève. J'ai donc marché. Et je l'ai payé cher, travaillant d'arrache-pied, au mépris de ma santé et de ma vie de famille, soixante heures par semaine.

Mais cela m'a forgé le caractère. Et puis, ce fut un tournant dans ma vie. Comme on le verra plus loin, l'une des conséquences fut que cela me fit connaître sur la scène internationale...

La psychanalyse m'a bien aidée pendant toute cette période difficile. Robert Gessain m'avait dit : « Êtes-vous jamais morte de faim ? »

J'ai répondu : « Jamais. »

Alors il m'a dit : « Alors pourquoi et de quoi avez-vous peur ? »

Depuis, je n'ai plus peur. Je sais que lorsque je n'ai plus d'argent, pas un sou, quelque chose va se passer. Et quelque chose se passe.

Il y a des jours où je suis un peu croyante et je répète : « Aux petits oiseaux, Dieu donne la pâture. »

Et il y a des jours où je ne suis pas sûre de croire en Dieu, donc je ne le sais pas.

Mais je ne suis jamais morte de faim, même dans des circonstances difficiles, bien que j'aie eu vraiment faim pendant la guerre, entre 1940 et 1944.

Comme c'était la mode à Paris, j'ai fait une deuxième « tranche d'analyse » avec quelqu'un d'autre : Françoise Dolto. Elle m'a appris à me fier à mes intuitions et à les vérifier, tranquillement, et que c'est chez les parents des grands-parents que l'on trouve l'origine des problèmes. C'est peut-être à son premier rendez-vous que je dois mes recherches sur le transgénérationnel, et c'est elle qui m'a envoyé mes premiers clients et qui m'a supervisé comme psychothérapeute, psychanalyste et psychodramatiste.

C'est important d'écrire

Comme je l'ai dit, je fais du psychodrame depuis janvier 1951. J'ai aussi organisé, à Paris, le premier Congrès international de psychodrame (et psychothérapie de groupe) en septembre 1964, à la faculté de médecine de Paris. Je m'en suis tirée avec un tout petit déficit financier, que j'ai assumé.

À cette occasion, on a fait un film avec la télévision française, sur le psychodrame, avec J.-L. Moreno dirigeant. Il était réalisé par Jean-Luc Leridon, qui débutait à l'époque. Un second film fut tourné en 1967, cette fois avec moi dirigeant, et le réalisateur était Roberto Rossellini.

En organisant ce premier congrès, je m'étais dit qu'on ne peut pas faire seulement du psychodrame, il faut élargir à la psychothérapie de groupe, à la psychanalyse et à l'expression par le corps.

Pour moi, l'esprit, le cœur et le corps, c'est un tout : les problèmes s'inscrivent dans le corps, et la psychothérapie est intégrée au corps.

J'ai donc invité à ce congrès des psychanalystes et des spécialistes du corps.

J'ai invité Gerda Alexander, Laura Sheleen, pour faire des démonstrations de techniques du corps, et Mosche Feldenkrais, qui était un ami de Boris Dolto, le mari de Françoise Dolto-Marette.

Feldenkrais prétend qu'il me doit d'être devenu mondialement célèbre parce que je l'ai lancé à cette occasion. Je lui ai fait écrire son premier livre, sa première plaquette, en 1964, pour ce congrès de psychodrame.

Je fais toujours écrire des articles, des thèses ou des livres.

Cela me paraît très important, d'écrire.

Je crois que c'est ce que j'ai gardé de mon passage au marbre de *Midi Libre*, où l'on écrivait et réécrivait des articles entre trois et quatre heures du matin, à l'époque de la Libération, et de l'importance qu'on donnait dans ma famille à l'écrit, aux livres, et à l'université, à la musique comme au savoir.

Introduction de la psychologie sociale

En acceptant une bourse d'études, j'avais promis d'utiliser ce que j'apprendrais en psychologie sociale et en méthodes de groupe... Et j'ai tenu parole.

J'ai fondé une école de psychodrame. J'ai organisé les premiers cours de spécialistes de dynamique de groupe, de psychologie sociale, en faisant venir des experts en France, à Paris. Des séminaires avaient lieu dans mon appartement. Il n'y avait pas de vraie psychologie sociale. On l'a créée.

Je faisais des séminaires d'application de la dynamique de groupe dans l'industrie. Je voyais donc beaucoup d'industriels. Je me rappelle, déjeunant avec un grand patron et disant : il faudrait envoyer des gens se former à la dynamique des groupes – et peu après, on a envoyé une mission aux États-Unis, dans les centres où j'étais passée.

On a été plusieurs à essayer de faire le forcing de l'introduction de la psychologie sociale en France. J'espérai créer un institut pour l'enseignement et la recherche et aussi la formation... J'en avais parlé à Max Pagès. Ils ont créé, entre copains-collègues hommes, un centre d'un côté, et j'ai créé le Groupe d'études de sociométrie de l'autre, avec l'aide (surtout morale, mais c'était beaucoup) de mon professeur, Juliette Favez-Boutonier. Je pense qu'ils préféraient à l'époque travailler entre hommes. Ou que je leur faisais peur. À l'époque, je n'avais pas de situation, pas d'identité universitaire, rien que mes idées et ma formation spécifique en dynamique des groupes et psychodrame.

Depuis, sur les conseils, l'insistance et quasi l'injonction de Marco, de Juliette Favez-Boutonier et de Moreno, j'ai passé deux doctorats, j'ai été inscrite sur les listes d'aptitude de sociologie et aussi de psychologie et ai été titularisée finalement professeur d'université.

Serendipité et université de Nice

C'est aussi à la suite d'une rencontre, comme par la chance d'un hasard heureux, que j'ai été nommée professeur à l'université de Nice.

J'ai créé un laboratoire de psychologie sociale et clinique, aussi par hasard.

On a vécu, en famille, une autre tragédie. Mon beau-frère Jean-Paul, le jeune frère de mon mari, a été tué dans un accident de voiture, en Provence en 1967. Ce décès accidentel de leur fils a beaucoup affecté mes beaux-parents et je suis venue assez souvent dans le Midi pour les voir et les soutenir.

Ils habitaient Hyères, près de Toulon. Je saisissais toutes les occasions possibles pour venir les voir. Je les aimais beaucoup, surtout mon beau-père.

Je crois que mon beau-père a beaucoup remplacé mon père.

Un dimanche matin, mon beau-père lisait les journaux et il me dit : « Vous savez, il y a un congrès de psychologie à Aix-en-Provence. Si vous voulez, en vous conduisant à l'aéroport, je peux vous y déposer dix minutes. »

Je réponds : « D'accord, merci. »

Il me dit : « Je vous donne un quart d'heure, pas plus. »

Je monte les marches pour entrer au congrès et je rencontre Roger Mucchielli qui s'exclame : « Que faites-vous là ? »

Je dis : « Je suis venue voir mon beau-père. »

Et lui : « Cela vous arrive souvent ? »

Moi : « Je prends toutes les occasions possibles. »

Lui : « On est en train de monter l'université de Nice. J'ai créé une salle de psychodrame, vous faites du psychodrame, voulez-vous venir enseigner à Nice ? »

J'ai dit : « Oui. »

De fait, si je ne connaissais guère Roger Mucchielli, je lui avais probablement écrit (une lettre circulaire), ou bien il avait entendu parler de moi à cause du congrès de psychodrame que j'avais organisé à

Paris en 1964 et auquel j'avais invité un grand nombre de médecins, de médecins psychiatres et de professeurs d'université.

J'ai donc été nommée assistant faisant fonction de maître-assistant de psychologie en 1967, dans la nouvelle université de Nice.

Une autre fois, toujours en week-end chez mes beaux-parents, mon cher beau-père découvre un autre congrès de psychologie – et me propose encore d'y passer un quart d'heure, sur la route de l'aéroport.

J'arrive, entre au hasard dans une salle et tombe sur une discussion sur les difficultés d'obtenir des crédits de recherche – sans le vouloir, je m'agite un peu, car les gens qui se plaignent toujours de ne pas avoir d'argent pour travailler me font de l'effet (pas un bon effet).

Le président de séance, le professeur Michel Laxenaire, m'aperçoit debout au fond de la salle et me donne la parole, au débotté.

« Nous, dis-je, à Nice, on n'a rien, on n'a pas d'argent, on n'a pas de crédit, on a commencé une recherche sur le leadership. Mais on la fait chez moi, dans ma cuisine, avec les moyens du bord. Je veux dire que l'argent, c'est bien, mais on peut travailler sans argent. » J'ai toujours pensé ça. La séance est levée cinq minutes après.

Un inconnu m'aborde à la sortie et me dit : « Puis-je vous parler ? Voulez-vous de l'argent, je voudrais vous en proposer. » J'ai cru qu'il se moquait de moi. C'était le docteur Louis Crocq, un médecin général, qui a été chargé d'une grande partie des crédits de recherche en France.

On a donc créé un laboratoire de psychologie sociale et clinique, avec ces crédits de recherche, pour pouvoir faire nos recherches. On a fait des recherches sur le leadership, la communication non verbale, l'interaction et la vidéo.

C'est assez amusant parce qu'il m'a dit : « Puis-je venir voir comment vous êtes installés ? » Je lui réponds : « On est dans une cave. » Il m'a dit : « Cela ne fait rien, c'est plutôt intéressant comme situation. » On nous avait donné une pièce en sous-sol de l'université de Nice dans laquelle il n'y avait rien. Il n'y avait pas de fenêtre, pas de chauffage. Il est venu voir et a dit : « Parfait, je vous donne les subventions qu'on gardait pour faire de la recherche sur les sous-marins. » On a donc fait de la recherche sur la communication verbale et non verbale et le leadership dans une salle sans fenêtre, où les gens étouffaient un peu.

Et c'est là où j'ai vu l'importance de la symbolique. Pour que les gens qui avaient des problèmes de respiration et de manque d'air n'en aient plus, j'ai mis au mur un très grand poster avec quatre arbres et un sentier. Plus personne n'a eu de crise d'asthme. Ils pouvaient respirer en regardant, sur ce poster, les arbres et le ciel.

Face aux événements difficiles

On dit souvent de moi que j'ai beaucoup d'énergie et suis capable de beaucoup travailler à la suite, et de « monter en charrette », comme on dit en architecture, et de ne rien faire que travailler d'affilée pendant des heures, voire des jours... On m'a souvent demandé d'où venaient mon énergie et ma vitalité – même à quatre-vingt-dix ans – ; la réponse n'est pas évidente, car la réponse simple est que c'est de famille. Mais pourquoi ?

Il paraît qu'il y a mille ans, dans le village d'où venait une des arrière-grand-mères de mon arrière-grand-mère, au fin fond de la Russie, autrefois, toutes les femmes auraient été violées par les troupes de Gengis Khan. Et il y a une tradition invérifiable que certaines des femmes de ma famille ont un dynamisme plus fort que leur corps physique, qui leur fait faire beaucoup de choses, et qu'on le rattache à Gengis Khan, et à l'énergie indomptable des Huns. C'est strictement invérifiable. Mais c'est le roman familial.

On dit aussi qu'une autre partie de ma famille descend d'un soldat de Napoléon, blessé pendant la retraite de Russie, resté sur place et y ayant fait souche (roman familial invérifiable).

Face à des événements durs à vivre ou à survivre, je ne pense pas être détachée mais passionnée par ce que je fais, par ce qu'on va découvrir au tournant de la route, par le présent, ce que Dolto appelait « l'allant-devenant », proche de l'existentiel *being*...

J'ai, depuis ma petite enfance, joué aux gendarmes et aux voleurs, parcourant de grands espaces.

Dans ma famille, on a si souvent perdu tout ce qu'on possédait, et reconstruit sa vie, que c'en est une habitude...

Je me souviens, après la crise de 1929, de mon père me disant : « Tu en as de la chance, maintenant personne ne t'épousera pour ton argent, mais pour ce que tu es, et ce que tu sais. » Je l'ai cru et remercié.

Mon père disait que l'argent ne compte pas, que les biens matériels et la position sociale ne comptent pas non plus, que ce qui compte, c'est le cœur, l'intelligence, la culture, le travail personnel, surtout la bonté, l'amitié, et c'est ce qu'il a fait de sa vie... et de sa mort – mais ce n'est pas du détachement...

Tout cela m'a probablement aidée à comprendre, aimer et suivre Kurt Lewin dans sa théorie de l'équilibre quasi stationnaire, des buts et des gardiens de but, des zones de liberté et des zones d'interdiction à contourner, de la différence entre une prédécision [verbale] et une vraie décision, suivie d'action et de changement dans les faits – l'importance de la « résistance au changement » –, et donc de la dissonance cognitive qui empêche de voir ce qui contredit sa pensée.

Thérapie et loyauté familiale invisible

J'ai commencé à m'intéresser au transgénérationnel grâce à une remarque de Françoise Dolto, me demandant des détails sur la féminité réelle de mon arrière-grand-mère, et refusant d'entendre que je n'en savais rien et que d'être toute petite – ou de ne pas être née à l'époque – n'était pas une raison.

« Dans une maison, disait-elle, les chiens et les enfants savent tout, surtout ce qui n'est pas dit. »

J'ai découvert en 1982 des répétitions, des loyautés familiales, et le syndrome d'anniversaire à l'occasion de ma première visite chez une malade suédoise se mourant d'un cancer terminal, au vu du portrait de sa mère, une femme superbe trônant dans le salon... et de la constatation que la fille se mourait à l'âge auquel sa propre mère était morte.. et qu'ensuite, après un oh ! et un ah !, et ma remarque qu'elle était morte et enterrée, personne ne pourrait plus aller au cimetière porter des fleurs à sa mère. Cette remarque a fait choc. Donc, en l'en libérant, son état s'est amélioré de façon spectaculaire.

Lors de tout entretien, de toute formation, de toute thérapie, maintenant, je ne peux plus comprendre ce qui s'est passé si je ne remonte pas cinq, six, sept générations plus haut, souvent jusqu'à la Révolution (1789 et surtout 1793, la Terreur et la guillotine, période de traumatismes encore aussi vivaces que ceux de 1914 et de Verdun). Je m'occupe ainsi, depuis plus de trente ans, de liens transgénérationnels, souvent inconnus.

Quand je repense à ma vie, je crois qu'une des personnes que j'ai aimée le plus au monde dans ma vie, c'était mon arrière-grand-mère Hélène. J'ai d'ailleurs appelé notre fille Hélène, en souvenir d'elle. Elle me racontait des histoires de ses grands-parents et arrière-grands-parents. Cela nous menait aux guerres de Napoléon, à l'incendie de Moscou par le général Rostopchine (le père de la comtesse de Ségur), à la retraite de Russie.

Remonter deux siècles, cela me paraît normal dans une histoire familiale. Son arrière-grand-mère qu'on connaît raconte des histoires de son arrière-grand-père. Et on est tout de suite à la Révolution, aux guerres, aux grands faits historiques.

Quand on dit cela aux gens avec une tranquille certitude, ils finissent par se souvenir.

J'ai été lancée dans le transgénérationnel, dans la lutte contre le cancer aussi, absolument au hasard.

Prédéterminisme familial et vraie liberté

La grande question que je me pose, comme tant d'autres, et que je n'ai pas résolue, c'est celle de la vraie liberté.

Il me semble que la seule liberté qu'on ait, c'est de répéter inconsciemment ou de choisir consciemment de répéter ou de se distancier de ce qui a été fait et non fait par nos ancêtres...

Si on ne comprend pas son histoire et dans quoi elle s'inscrit, on n'est pas libre.

On ne fait que répéter ou faire le contraire de ce que les gens ont fait ou demandé. Mais on se trouve alors dans une situation paradoxale, parce que si mes enfants font le contraire de ce que j'ai fait et si je fais le contraire de ce qu'ont fait mes parents, je fais donc la même chose que mes grands-parents. Donc, où est la liberté ?

Je pense que le travail qu'on fait, c'est effectivement de « nettoyer son arbre généalogique » et de choisir de répéter ou de ne pas répéter.

Mais il est très difficile de faire autre chose. En général, on fait la même chose – ou strictement l'inverse. Donc on n'est pas libre non plus.

Il y a quand même une distanciation qui évite la répétition.

C'est donc finalement la question de la liberté par rapport à la façon dont l'histoire est agissante en soi. Et la façon dont l'histoire agit en soi, ce ne sont pas uniquement des répétitions dans la mesure où le contexte socio-historique est en permanence en train de changer, les mêmes choses ne produisant pas les mêmes effets.

On ne peut pas se baigner deux fois dans la même eau du même fleuve. Ce ne sont pas des répétitions simples. Ce sont des mécanismes où l'on retrouve des éléments de répétition, mais qui peuvent être aussi instruments de transformation de quelque chose. Dire cela en termes de répétition, on a parfois le sentiment que ce seraient des répétitions simples, qui se répètent exactement sous la même forme, de la même façon structurelle. Alors qu'il me semble que ces répétitions, on les voit bien à l'œuvre, mais elles ne produisent pas la même chose d'une certaine façon.

Il y a des répétitions conscientes intergénérationnelles. On est boulanger de père en fils, ou médecin de père en fils. C'est une répétition autant qu'une reproduction de schéma et de rôle ; il y a des répétitions inconscientes transgénérationnelles, des choses qu'on véhicule de son histoire sans savoir qu'on les véhicule. On les répète surtout quand elles sont difficiles, jusqu'à ce qu'elles soient retravaillées, éclaircies.

Il est délicat d'employer le même terme pour ces deux processus qui sont des processus un peu différents. Être boulanger de père en fils, pour un sociologue, c'est une reproduction plus qu'une répétition.

Ce n'est pas exactement le même type de problématique.

Mais je me pose d'autres problèmes. On peut choisir d'accepter un poste ou pas, d'épouser quelqu'un ou pas. C'est quelque chose qu'on peut répéter ou pas. On ne choisit pas consciemment d'avoir une maison brûlée.

Encore qu'on se mette peut-être dans la situation.

Ce qui m'interroge, c'est ce qui arrive, quand la part du hasard est très importante et les choix humains minimes ou invisibles, dans les accidents mortels.

Par exemple, la répétition de la guillotine.

Nous savons tous que Louis XVI a été guillotiné. Ceux qui ont lu *Les Rois maudits* savent qu'on a brûlé les Templiers, que Jacques de Molay a maudit les rois de France jusqu'à la quatorzième génération. Louis XVI était la quatorzième génération. Si l'on regarde d'un peu plus près, on s'aperçoit qu'en 1989, on a fêté le bicentenaire de la Révolution française. Juste avant, les Bourbons d'Espagne réclamaient l'héritage du roi de France. On le leur refusait. Le prince de Bourbon obtient du tribunal sa reconnaissance comme héritier des rois de France, en décembre. En janvier, il se fait « guillotiner » à ski, par un fil de fer, en essayant une piste de ski olympique...

Je reçois peu après dans un séminaire de transgénérationnel une jeune femme qui me dit : « Je viens parce que je ne peux pas supporter que mon cousin germain ait été guillotiné par un ascenseur à Paris.

– En principe, ça n'arrive jamais.

– Oui, sauf que ça lui est arrivé.

– Un 21 janvier ?

– Non.

– Racontez-moi quel jour.

– Le 6 janvier.

– C'est le jour où l'on tire les rois.

– Justement. »

Je reprends : « Comment ça, justement ?

– Oui, on avait acheté la galette des rois, il n'y avait pas de couronne. Il a dit : “Je vais aller la chercher.” Il sort, il ouvre la porte... et ne revient pas. On entend un bruit, et on le trouve mort, décapité. »

Je demande : « Vous avez un rapport quelconque avec la mort de Louis XVI ? »

« Oui. C'est mon arrière-arrière-grand-père qui présidait le tribunal du peuple. Il a été le premier à voter la mort de Louis XVI. Et quand il a su le résultat, il s'en est voulu, car la mort a été à une voix près, et il a pensé que c'était la sienne. »

Cette histoire vraie d'ascenseur agissant comme la main vengeresse du destin me paraît beaucoup plus difficile à comprendre. Il y a de nombreux exemples cliniques, tant chez des gens qui viennent me demander de l'aide, que chez des collègues.

J'ai rassemblé des douzaines d'histoires faisant comme intervenir le monde extérieur, sans que l'on comprenne sa part de responsabilité dans ce qui arrive de tragique ou d'agréable aussi parfois.

Cela me pose un problème.

Ce n'est pas la justice divine. Si je prends mon cas, nous avons eu un dépôt d'armes et de munitions pour le maquis dans la maison ; on nous a dénoncés, les Allemands sont venus, ils ont brûlé la maison.

On y était un peu pour quelque chose.

Inconsciemment, je me suis mise dans la situation où la maison soit brûlée, comme la maison de ma grand-mère avait été brûlée.

D'accord.

Mais la guillotine par l'ascenseur, à Paris, dans un immeuble bien entretenu, en allant chercher la couronne de roi ?

En principe, il n'y était pour rien : on pourrait dire que c'est un incident mortel fortuit, dû au hasard.

Mais on peut remarquer aussi qu'un jour au nom significatif : le jour des rois, en allant chercher justement la couronne des rois, ce jeune homme à l'héritage difficile commet une imprudence et prend un risque : il omet de vérifier que l'ascenseur est bien devant la porte palière avant d'ouvrir et de s'avancer, et il se fait décoller la tête par la cabine qui descend, une imprudence capitale qui se termine par une peine capitale...

Face à ces cas cliniques, je me sens vraiment coincée, car il n'y a rien, dans la science actuelle, officielle, sérieuse, qui permette de l'expliquer, puisqu'il s'agit de relations avec le monde extérieur à soi.

Je ne crois pas à la vie avant la vie. Je ne suis pas bouddhiste. Je ne crois pas au karma. Je ne suis pas catholique. Je ne dois pas être protestante pour rien. Donc je ne comprends pas.

Je ne crois pas au destin, mais à la liberté et aux choix personnels : à ce qu'on fait avec les données qu'on a. Je ne crois pas à la vengeance divine. Je ne crois à rien de tout cela. Je n'arrive pas à comprendre.

Je n'ai pas de théorie pour expliquer ces « coïncidences », comme par hasard, toutes ces choses... Mais cela ne peut pas être un hasard.

Il y a eu bien trop de cas cliniques. Il y a des morts violentes. Et je ne me l'explique pas, je ne l'explique pas, simplement (mais rien n'est simple dans ce domaine) je le constate et le décris.

J'en ai discuté avec un être fascinant et original : Rupert Sheldrake. Il s'est posé le problème de la transmission des caractères acquis chez les oiseaux, il l'a prouvé. Chez d'autres animaux, il l'a constaté et filmé sur les coïncidences entre l'homme et son chien, qui le guette à la porte lorsqu'il va arriver. Il l'attribue aux « ondes morphogéniques ».

Je comprends mal ses idées de chaîne d'énergie, de quelque chose qui traverse le monde et relie les individus. Il s'est penché sur le problème des vols d'idées dans les découvertes scientifiques. Son hypothèse, c'est qu'il n'y a pas de vol d'idées. Les mêmes choses se découvrent au même moment parce que, quand quelqu'un a découvert quelque chose, les autres le découvrent aussi. Les idées circulent, le monde entier est en interaction (pour lui, par les ondes morphogéniques).

Je lui ai posé la question des répétitions d'incidents et d'accidents dans la loyauté familiale invisible. Il m'a dit : « Ce que vous avez découvert, ce n'est pas tout à fait la même chose. » Je ne sais pas ce que c'est.

Je travaille parfois encore avec des malades séropositifs ou atteints de sida, avec le cancer un peu plus, et beaucoup sur les accidents, et, depuis quelque temps, je travaille énormément sur les maladies du carrefour bucco-pharyngé, en particulier l'asthme, les bronchites.

On trouve des choses incroyables.

Des gens qui guérissent de maladies congénitales physiques quand on met le doigt sur les maladies ou les événements traumatisants arrivés pendant ou après la guerre de 1914-1918, comme les gaz de combat (Ypres et Verdun), Sedan (1870), la retraite de Russie (1812) ; des malades internés en psychiatrie qui vont bien, après la découverte d'un syndrome d'anniversaire, les faisant répéter les symptômes qui avaient entraîné l'internement de leur mère, au même âge, avec des enfants du même âge ; des enfants gravement malades de maladies du côlon, de constipation, de maladie de Crohn, et qui se déconstipent ou dont les symptômes s'arrêtent après avoir vu pour eux-mêmes la « loyauté familiale invisible » d'événements tragiques ou traumatisants arrivés à leurs parents ou grands-parents, ou bien lorsque leur mère entre en thérapie... Je ne sais pas comment c'est inscrit, répété, et engrammé quelque part, et c'est transmis de façon encore non complètement élucidée, peut-être en rapport avec les ondes morphogéniques de Rupert Sheldrake, ou le co-inconscient familial et groupal de Moreno...

J'espère, nous espérons tous, que dans quelques années la recherche multifactorielle et transdisciplinaire, entre les sciences de la vie, les sciences humaines et les sciences exactes, en particulier en chimie biologie et transmission des caractères acquis, et sur les ondes quasi électriques autour et dans la cellule, nous permettront d'en savoir un peu plus.

Interdisciplinarité, hasard et nécessité

La seule manière de comprendre le monde et ce qui se passe, c'est de bien saisir tout le contexte, l'héritage familial, le milieu familial, lié au contexte historique et socio-économique, et une des voies essentielles pour ce faire, c'est la recherche-action. Il faut également très bien connaître ce qu'on enseigne et l'appuyer, quand on est psychologue, sur l'expérience de la clinique.

Pour moi, la sociologie seule n'est pas suffisante, la psychologie seule n'est pas suffisante, l'économie seule n'est pas suffisante, l'anthropologie seule n'est pas suffisante, la politique seule n'est pas suffisante : tout est lié dans l'univers et il faut être à la croisée des voies, dans l'interdisciplinaire, pour comprendre ce qui se passe et pouvoir choisir d'agir, réagir ou laisser passer pour se consacrer à ce sur quoi on peut agir utilement – ou donner un support utile à ceux qui agissent utilement.

Le bavardage de salon ou de café, la guerre et la Résistance m'en ont appris et l'inutilité et la nocivité. Ajoutons que ma famille est composée de gens énergiques et actifs, réagissant au quart de tour, à la manœuvre en mer, en cordée de haute montagne, ou devant un fusil ou une mitraillette qui tire... comme à la guerre et répondant illico aux défaites économiques historiques, comme aux difficultés ou drames de la vie familiale ou culturelle...

Trouver ou retrouver un deuxième souffle, on l'apprend en montagne aussi, comme à rire d'une chute de vélo, les genoux en compote, avec mon père...

Je crois que si j'aime tant le massif du Mont-Blanc et que j'y reviens plusieurs fois par an pour me ressourcer, c'est que mon père, parti en chemisette en montagne l'été, a été surpris par le froid et retrouvé sous la neige par un chien saint-bernard, ce qui fait qu'il a pu survivre, revivre, et que je suis née dans la foulée – du moins, je crois. C'est mon père qui m'a appris à nager en Bretagne, à faire du vélo au bois de Boulogne, et à rire de mes chutes, plaies et bosses. Des survivants d'infortune m'ont appris qu'on l'appelait « le Saint » parce qu'il partageait toujours tout et même son dernier quignon de pain. Et je ne peux toujours pas parler de sa mort, atroce...

La psychologie sociale est au croisement de la psychologie, de la sociologie, de l'anthropologie culturelle, des recherches en communication, et d'un volet socio-économique et historique. Je me sens poussée dans une manière de voir où tout est toujours surdéterminé par le parcours personnel, familial, socio-économique, historique, et par les rencontres que l'on fait. Je me questionne toujours sur le rôle du hasard et je pense, comme le dirait Jacques Monod, « hasard et nécessité » dans un entrelacs complexe.

Communication non verbale

À un moment donné de mon parcours, j'avais fait des études de psychologie, à la Sorbonne, avec, comme patron de thèse, Juliette Favez-Boutonier, et elle m'avait invitée, en 1968, à participer à Utrecht, aux Pays-Bas, à un congrès de l'Association internationale de pédagogie nouvelle (New Education Fellowship), présidée par Margaret Mead et fonctionnant avec vingt-cinq groupes simultanés, des petits groupes, d'une vingtaine de personnes, de nationalités différentes.

Quand j'étudiais aux États-Unis, Margaret Mead était mariée avec Gregory Bateson. J'ai donc rencontré Bateson, Birdwhistell, le groupe de Palo Alto. J'ai fait des recherches, durant quelques jours, avec Goffman, et aussi Albert Scheflen. Je me rappelle que ce dernier m'avait donné à analyser un petit film ennuyeux et me paraissant sans intérêt.

Pendant vingt minutes, je vois un thérapeute, qui ne me paraissait pas bien brillant, s'entretenir avec un garçon de douze ans, avec des boutons plein le visage, qui se taisait la plupart du temps, et sa mère, sans intérêt. Je lui dis : « Votre film n'est pas intéressant. » Il réagit : « On ne sait jamais, il faut voir les choses avec attention, regardez ce film une trentaine de fois, après on en parlera. » Je suis son conseil, mais d'abord je ne vois rien de spécial.

À la vingt-cinquième fois, je remarque une petite chose, banale. Il y a trois personnes, un homme (le psychiatre), une dame (la mère), un petit garçon, autour d'une table. Sur cette table, il y a une carafe et un verre d'eau. Finalement, je m'aperçois que quelqu'un boit un verre d'eau. À la trentième fois, je m'aperçois qu'une seule personne boit, c'est le petit garçon. À la quarantième fois, je m'aperçois que le petit garçon boit trois fois. Et à la cinquante-cinquième fois, je m'aperçois que le petit garçon, à la question du psychiatre « Et ton père ? », fait un geste : il étend la main, prend la bouteille, verse, et boit, sans rien dire. Il ne le fait qu'à ce moment-là.

On en parle avec le patron, que ça intéresse et qui envoie l'assistante sociale faire une enquête : on s'aperçoit que le père était alcoolique, qu'il était interdit d'en parler, que le petit garçon était devenu mauvais élève en classe et qu'à la question « Et ton père ? », il verse quelque chose dans son verre et le boit, et ne dit pas un seul mot.

Quelques années plus tard, j'ai fait une thèse de doctorat d'État à Paris sur la communication non verbale, avec près d'un millier de photos d'interactions analysées.

Dans mon travail avec les malades atteints de cancer ou de sida, et dans le travail transgénérationnel, j'écoute autant que je regarde la communication non verbale, qui me parle beaucoup plus que ce qui est dit. Je fais très attention, je regarde, j'observe et j'écoute beaucoup ce qui n'est pas dit, ce qui est en dessous de la couleur des mots, ce qui explique les choses. Et en général, quand on le fait préciser... tout se colore et s'explique enfin.

Je me suis trouvé une « sainte patronne » qui me convient très bien : sainte Bécassine. Plus je « joue l'idiote », plus je trouve que c'est utile. Je dis : « Je ne comprends pas, expliquez-moi. » Les gens sont très gentils, quand on est plein de bonne volonté mais un peu stupide, ils vous aident beaucoup. Alors que si on est intelligent, ils ont peur de vous. Ainsi je dis : je ne comprends pas... Et ils expliquent. Ils entrent dans les détails. Alors, on comprend vraiment ce qui s'est passé.

Comment je suis devenue experte internationale en psychodrame

Là encore, par hasard et sans le chercher.

En 1963, à Milan, au Congrès international de psychothérapie de groupe, une dame demande à Moreno : « Pourquoi n'organisez vous pas des congrès de psychodrames ? »

Moreno répond : « Je n'y ai jamais pensé, mais ce n'est pas une mauvaise idée. »

Des gens disent : « Vous devriez l'organiser. »

Une psychanalyste-psychodramatiste française dit : « Vous devriez l'organiser en France, pensez-y. »

Je n'ouvre pas le bec. Trois mois plus tard, je reçois une circulaire de Moreno : « Premier Congrès international de psychodrame à Paris. Secrétaire générale : Anne Ancelin Schützenberger. Écrivez-lui pour vous inscrire. » Je n'avais pas été consultée et je n'étais pas d'accord. Je le manifeste. Moreno me fait savoir que si je ne suis pas d'accord, je peux écrire à cinq cents personnes pour annuler le congrès.

Alors je me suis dit : « Plutôt que d'écrire cinq cents lettres d'annulation, tant qu'à y faire, je vais essayer de l'organiser. »

J'ai donc organisé, quasiment seule, le premier Congrès international de psychodrame à Paris, en septembre 1964, avec l'aide de ma fille adolescente (c'était pour elle l'année du bac), d'un groupe d'élèves et stagiaires, et d'amis, encore une fois dans ma cuisine.

Le docteur Paul Sivadon (de la MGEN et de l'hôpital psychiatrique de La Verrière) a accepté la présidence, Moreno étant président d'honneur, très honoré. J'étais secrétaire générale et cosecrétaire scientifique, avec Zerka Moreno.

Puis Ramon Sarro m'a demandé de l'aider à organiser le deuxième congrès, en 1966, à Barcelone.

Le troisième était prévu en 1968 à Prague, par J.-L. Moreno, qui souhaitait une rencontre entre l'est et l'ouest de l'Europe. Le président, Ferdinand Knobloch, m'avait proposé d'en être la secrétaire scientifique, et j'étais venue à Prague, au printemps, voir et aider.

Tout paraissait aller de soi. Puis il y a eu le Printemps de Prague, et Mai 1968 ; et en août, les tanks russes sont entrés à Prague.

Donc, tout tombait à l'eau.

Je ne sais pas si ce sont les psychiatres autrichiens qui ont proposé à Moreno de venir en Autriche, ou bien si le Viennois Moreno le leur a demandé. Quoi qu'il en soit, ce troisième Congrès international de psychodrame a été transféré en Autriche, au dernier moment.

Le deuxième jour, les trésoriers autrichiens frappent à la porte de ma chambre d'hôtel, le soir vers 22 heures : « On a essayé de frapper chez Moreno, mais il a refusé de nous ouvrir, alors on vient vous voir : quand allez-vous nous payer ?

– Payer ?

– Oui, on a loué pour vous des salles, des traducteurs, il faut payer tout ça.

– Je ne suis au courant de rien, c'est Moreno le président.

– Oui, mais vous êtes secrétaire scientifique. »

On m'explique que, soit on paye, soit on arrête le congrès.

(De fait, bien sûr, tout avait été payé d'avance à Prague, mais rien n'avait été prévu pour financer l'intendance du congrès de psychodrame en Autriche, et il semble que personne n'avait mis par écrit les conditions du transfert du congrès en Autriche.) Il est probable que Moreno considérait que le financement, de nouveau, du congrès, n'était pas son problème, puisqu'il avait été « invité » ou s'était cru invité. Et donc, utilisant son âge et son statut, il restait au lit, téléphone muet, porte fermée...

J'ai connu alors un énorme sentiment de honte. J'ai eu honte pour le psychodrame, j'ai eu honte pour Moreno, devant ces médecins installés. J'ai décidé d'assumer : ce n'était pas possible, je ne pouvais pas laisser « traîner le psychodrame dans la boue », et qu'on laisse annoncer publiquement que puisque Moreno refusait de payer, on allait fermer et mettre tout le monde dehors...

Comme disait déjà Molière : « Point d'argent, point de Suisse. »

Pour moi, le psychodrame, c'est une grande famille... Le lendemain matin, dès huit heures, j'ai téléphoné à mon banquier, à Paris. J'avais reçu un peu d'argent familial pour m'acheter un petit pied-à-terre à Nice, où je venais d'être nommée... Je lui ai demandé de virer cet argent à Vienne, et aussi de me prêter de l'argent pour le congrès de Vienne.

J'ai donc payé les dettes du congrès de psychodrame aux psychiatres autrichiens.

Je n'ai rien dit à personne. Et je me suis retrouvée avec des dettes monumentales (pour mon minuscule budget d'enseignant débutant).

Moreno m'a aussitôt rayée de sa vie ; il ne voulait plus entendre parler de moi ; je n'ai jamais compris pourquoi. (Quelques années après, cela s'est arrangé, mais nous n'en avons jamais reparlé, lui et moi, même sur son lit de mort.)

En 1969, j'ai dit à deux ou trois personnes que j'étais très ennuyée, je devais de l'argent à ma banque pour le psychodrame, et je ne savais pas comment faire pour payer, je n'avais que ma tête et mes deux bras pour travailler, et que si l'on pouvait me trouver des groupes de psychodrame payants, je les accepterais tous pour rembourser.

Il s'est passé alors des choses assez stupéfiantes et tout à fait miraculeusement inattendues.

Un certain nombre de collègues m'ont invitée à enseigner le psychodrame en France, en Belgique, aux Pays-Bas, en Suède, au Canada. Je suis ainsi devenue formateur international de psychodrame, pendant mon temps libre, presque chaque week-end et une partie des vacances.

Quelqu'un a proposé mes services aux Nations unies. J'ai été nommée expert international pour le psychodrame des Nations unies.

J'ai travaillé en Suède et ailleurs, au Maghreb. En cinq à six ans, j'ai remboursé mes dettes à ma banque.

Mais comme j'étais maintenant experte internationale pour le psychodrame, j'ai continué...

Encore une fois, je n'ai rien choisi du tout. Cela s'est trouvé comme cela.

Je ne peux donc pas dire que j'ai fait des choix, j'ai simplement accepté ce qu'on m'offrait ou fait face à ce à quoi j'étais confrontée.

Hardiness

Beaucoup de gens, dont je fais partie, qui travaillent avec le cancer œuvrent dans un réseau de psycho-neuro-immunologie, devenue une science interdisciplinaire.

Les scientifiques ont créé un terme nouveau. Ils ont fait des recherches sur les survivants des catastrophes et les survivants des maladies très graves. Les premiers avec lesquels on ait fait des recherches, c'étaient les survivants américains des camps japonais. Les chercheurs, poursuivant les travaux de Suzanne Kobasa, ont inventé le terme de *hardiness*, à partir de *hard*, qui veut dire « ferme, dur, solide ». Ils ont prouvé que les gens qui guérissent le mieux de cancers en phase terminale sont ceux qui savent mettre des limites nettes et fermes face aux demandes de leur entourage.

Les personnes ayant de la *hardiness* ont un certain nombre de qualités, au sens de manière d'être. Quand il leur arrive un événement même trop difficile, elles ne disent pas : « Mon Dieu, la vie est épouvantable. » Elles se disent intérieurement : « C'est un événement difficile. Je vais bien voir comment je vais m'en sortir. » À ce moment, elles en souffrent et ont mal, froid et faim, comme les autres, mais elles prennent également de la distance pour se regarder le vivre, comme un défi à surmonter, une épreuve, une aventure. Ce sont aussi des gens qui croient en quelque chose et qui croient en eux-mêmes. Il ne s'agit ni de distanciation, ni de hauteur, ni de morgue, ni de dureté, ni d'une attitude lointaine, ou stoïque, ou dite aristocratique... Peut-être une sorte de mise à distance, une protection de soi et de ce qui est essentiel, et paraît juste ou injuste.

Je crois que j'ai un peu de cette qualité, je ne dis pas : la vie est épouvantable. Je dis : c'est intéressant de voir ce qui va arriver. J'ai eu une grande discussion avec mes petits-enfants qui, pour les plus grands, ne croient plus au père Noël. Moi, le père Noël, je continue d'y croire. Parce que pour moi, le miracle, la chance d'un hasard heureux, cela arrive sans arrêt. Il me semble que beaucoup de choses arrivent parce qu'on y croit. Et parce qu'on y croit, on est capable de le voir lorsque cela survient.

Alors, on est disponible à la vie, à la réalité telle qu'elle est (et non telle qu'on a l'habitude de la voir – ou telle qu'on s'attend à la voir), à l'inhabituel et à la chance, à l'intervention de son « bon *daimôn* ». On apprend dans son adolescence, dans le scoutisme, à être toujours prêt.

« Be prepared », comme disait Baden Powell. On est aussi capable de croire que quelque chose de bien et d'intéressant à voir et regarder avec précision, avec tous les détails même mineurs, peut se passer... Par « ouverture d'esprit et sagacité », et en saisissant la chance aux cheveux, on fait arriver la « prédiction positive », « l'effet Pygmalion ». On pourrait aussi dire que c'est la définition de ceux qui survivront envers et contre tout, selon Moreno (« Who shall survive ? »).

Pasteur rappelait que la chance favorise les esprits préparés, c'est-à-dire qui se sont *réellement* préparés. Les trois princes de Serendip en sont un bon exemple.

Be prepared !

À propos de Moreno

Ce n'est pas moi qui ai découvert J.-L. Moreno (1889-1974), c'est mon mari, Marco Schützenberger, en lisant un peu de tout au cours de ses études de médecine, en 1945-1948, et en faisant les premières études de sociométrie en Europe.

Je pratique le psychodrame avec les techniques de Moreno, que je possède parfaitement. Mais j'utilise en plus des théories de Moreno tout le soubassement psychanalytique et anthropologique, m'ouvrant sur l'inconscient, le transfert, le contre-transfert, la communication non verbale et le transgénérationnel.

Ce que je trouve très intéressant chez Moreno, c'est son concept de co-inconscient, groupal et familial, qu'il n'a jamais développé, se contentant de le nommer et de le signaler à nos yeux – ce qui est déjà important.

À propos de Kurt Lewin

Kurt Lewin (1890-1947) est né en Europe, a fait la guerre de 1914-1918, y a été blessé et y a perdu son frère. Psychologue, il a suivi d'abord l'école de la Gestalt et de Max Wertheimer, puis de Kurt Koffka et de Wolfgang Kohler, à l'université de Berlin. Des étudiants enthousiastes ont travaillé avec lui, dont Bluma Zeigarnik sur les tâches interrompues, Anita Karsten sur les phénomènes de saturation, Tamara Dumbo sur les conduites substitutives.

À la suite de Cassirer, il tente d'emblée de créer une psychologie comme science, qui ne soit pas une science seulement de laboratoire ni de réflexions philosophiques, mais qui insiste sur la primauté du concept « rien n'est aussi utile qu'une bonne théorie », et sur la « loi sur l'expérience sensible » (nous dirions, sur l'expérience personnelle et la clinique).

Pour lui, c'est l'ensemble, la forme, qui est perçue et retenue, et importante, et non pas l'addition des éléments. Cela change radicalement la conception du groupe comme un tout, car lorsque quelqu'un en part ou y rentre, tout s'organise différemment et autrement.

Cela est fondamental pour moi et m'a marquée, peut-être parce que la perte et le deuil, les départs sans au revoir, m'ont marquée dans ma vie, depuis toujours. Quand je dis toujours, je ne sais pas depuis quand, probablement bien avant ma naissance et même ma conception.

Ce sera le départ de la théorie du champ et de l'étude des forces en présence.

En 1932, Lewin est invité comme *visiting professor* à l'université Stanford, aux États-Unis. Avec la montée du nazisme et la guerre, il va rester là-bas.

Galilée a accompli une révolution pour les sciences de la nature, mais nous attendons toujours ce qui va faire changer les sciences humaines.

L'article princeps de Lewin sur la mentalité « aristotélicienne et galiléenne » a fait date et a été un tournant dans les sciences humaines après-guerre. Il me semble qu'il a pointé que, d'une certaine façon, nous en sommes toujours à nous faire manipuler par notre « cerveau reptilien » et à penser comme on le faisait du temps d'Aristote et à tout dichotomiser : de deux choses l'une, le noir ou le blanc, le haut ou le bas, le bon ou le mauvais, la main droite (bonne) ou la main gauche (sinistre) – pensée classificatrice qui a fait progresser les choses à l'époque, mais qui actuellement est si réductrice, si « enfermante » qu'elle empêche le changement, et la « locomotion » de la personne. Celle-ci est libérée dès qu'elle comprend la recherche-action, la théorie du champ, les champs sociaux, les champs à circulation libre, économiques et autres, et le phénomène des barrières, normal avant d'atteindre les buts, et des vrais gardes-barrières, à comprendre ou à contourner. Il a attribué cette attitude à Galilée s'inclinant pour sauver sa peau, mais murmurant : « Et pourtant elle tourne. »

Nous dirons qu'actuellement, il y a eu un autre tournant, un autre paradigme, un autre saut quantique : celui dû à la relativité, à Einstein, et maintenant à notre compréhension que l'ordre a souvent des exceptions, tellement fréquentes et importantes, que dans bien des domaines, on pourrait dire avec Mandelbrot que le chaos mène le monde, et qu'en observant bien, on trouve les lois du chaos, les répétitions ordonnées du chaos (comme, au quotidien, la carte de Bretagne, les flocons de neige ou les fleurs du chou-fleur)...

Kurt Lewin a changé de direction de recherches et a publié son article sur la dynamique de groupe après un passage chez Moreno (qui, lui aussi, a publié un article sur le même sujet avec Helen Jennings). Si on compare l'article de Moreno et celui de Lewin, l'article scientifique princeps est celui de Lewin, sur les climats de groupe, autoritaires, démocratiques, et laisser-faire (1937-1938). Alors, est-ce qu'ils ont élargi et fertilisé leur champ mutuellement dans le peu de temps qu'ils ont passé ensemble ? C'est possible. La recherche princeps, considérée comme fondamentale, de Kurt Lewin (1942), pendant la guerre, à la demande de Roosevelt, s'applique à ce qui produit un changement réel, rapide et durable dans les habitudes humaines les plus courantes. Pour exemple, il étudie ce qui est sans doute le plus fondamental, et le plus difficile à changer : les habitudes alimentaires. Un changement alimentaire, dans les faits et actes de consommation, c'est énorme et ne peut se comparer à rien d'autre...

Il a réalisé une étude comparée des modes d'intervention et de vente de viande de boucherie et de bas morceaux chez les bouchers. Dans la région étudiée, il a fait d'abord une observation complète des circuits de la viande, du pré à l'assiette, et des préjugés familiaux (écologie psychologique) les concernant.

Il a montré que ce qui est efficace pour modifier les comportements (une augmentation de 33 % des achats chez les bouchers de leur quartier chez les gens ayant décidé à 95 % de changer) n'est pas l'argent investi dans la publicité par exemple, ou dans des conférences éducatives. La seule chose qui a compté et les a fait changer réellement, dans les faits, c'est leur propre décision, après discussion libre en petits groupes avec leurs pairs.

Une manière totalement, radicalement différente de voir la vie, la démocratie, l'enseignement, le changement, la science : la recherche-action.

L'importance accordée par Kurt Lewin à la différence fondamentale entre une prédécision (verbale) et une vraie décision me paraît capitale. Sans répéter, comme Zazie, « Tu causes, tu causes, c'est tout ce que tu sais faire », phrase que l'héroïne de Raymond Queneau renvoie aux adultes, je dirai que les mots sont l'écume visible et audible des sentiments, le « bruit » des émotions, à qui sait les entendre, et que les chanteurs disent, avec Ève Beauséjour, qu'il y a une énorme différence entre faire de la musique et chanter avec son âme.

On dit aussi qu'un contrat verbal ne vaut que le papier sur lequel il est écrit. On sait bien, dans nos pays de droit romain, que tout doit être écrit, mais qu'on omet parfois de faire les décrets qui rendent les lois obligatoires et de voir ou comprendre les règles d'or de la foi en la parole. Comme le corbeau, on se laisse berner par les belles paroles du renard, qui sait bien qu'il va en profiter, mais on se laisse charmer par ce qu'on entend et par notre désir de tranquillité...

La loi de la dissonance cognitive, mise en évidence par Leon Festinger, qui a poursuivi les travaux de Kurt Lewin, montre bien qu'on est aveugle ou aveuglé et sourd à ce qui contredit notre manière de voir ou nous permettrait de remettre en question des décisions prises parfois trop rapidement, sous influence ou à la légère. Cela explique bien la résistance au changement, l'une des plaies de notre époque.

Cette manière de réfléchir à partir de ce que l'on voit réellement et à partir de la recherche-action me plaît et m'est en un sens familière. Cela paraît si fondamental qu'il m'a toujours paru criminel et incompréhensible qu'on n'enseigne pas cette science, ou qu'on l'ait financièrement étranglée, car elle me paraît une des clefs qui nous permettrait de sortir de l'enchantement des mots et des promesses verbales vaines et de l'enchaînement des guerres, des injustices et des turpitudes...

Lewin est aussi à l'origine de la formation par les petits groupes (appelés T-Groups depuis 1945) qui a révolutionné l'enseignement du monde entier.

Malheureusement, je suis arrivée aux États-Unis après sa mort, mais j'ai eu la chance de travailler avec ses proches collaborateurs et d'aller aussi voir et apprendre le T-Group à Bethel, en juin 1951. Première Européenne à y avoir été directement formée, cela a été la source de bien des frictions et tensions à mon retour en France, car c'était trop tôt, comme bien des choses que j'ai faites en France...

J'ai été préparée par ma vie, mon histoire familiale et personnelle à complètement adhérer aux idées de Kurt Lewin, sur l'importance du changement réel, dans la vie réelle et aussi familiale et sociale, sur la locomotion d'un individu dans le champ social, l'équilibre quasi stationnaire, donc instable et pouvant bouger et changer à tout moment (et que tout est instable, sous les apparences) ; aux idées de Gregory Bateson et du groupe de Palo Alto sur l'importance primordiale de la communication non verbale ; aux idées de Françoise Dolto : la clef de ce qui nous arrive se trouve dans les trois ou quatre générations qui nous précèdent et la solution dans le « parler vrai », et l'analyse.

À propos de Carl Rogers

J'ai rencontré Carl Rogers (1902-1996) pendant mon stage de formation spécialisée de deux ans, en 1950-1952, aux États-Unis, et j'ai beaucoup apprécié ses travaux... et souvent utilisé ce que j'avais appris de lui, tout en pensant toujours – et surtout après – qu'une formation de base analytique est fondamentale pour éviter les pièges du transfert et de la projection.

J'ai fait une mini-formation avec un de ses élèves à l'université du Michigan, Ann Arbor.

Ensuite, j'ai fait partie de l'équipe de Carl Rogers comme formateur, lorsqu'il a fait son premier grand stage en France (en 1966), invité par Max Pagès. Nous étions plus d'une centaine, avec une dizaine de formateurs, français et anglais, dont j'étais, avec André de Perretti, Max Pagès, et l'équipe de la Tavistock Clinic de Londres. J'ai fait partie des gens qui ont vécu ce séminaire comme difficile, car il y avait une trop grande attente chez les participants, et des malentendus culturels entre lui et les Français, hélas... Comme bien des gens, je lui dois beaucoup, à ses idées, ses techniques, et aussi à son amitié de longue durée.

Que nous le sachions ou non, nous sommes marqués par notre passé individuel et familial, et nos choix professionnels comme nos options théoriques s'ensuivent, que l'on fasse comme nos aïeux, ou qu'on s'y oppose. Faire le contraire ou s'opposer, c'est bien en être marqué et dépendant, et non pas libre, comme on peut l'être après une thérapie ou une analyse réussie, ou un accident heureux de la vie.

Comme le dit si bien le poète René Char, « on ne chante juste que dans les branches de son arbre généalogique ».

J'aimerais maintenant conclure ce long chapitre par une citation tirée du discours d'investiture de Nelson Mandela, où il parle de l'importance d'oser être soi et d'aller jusqu'au bout de ses possibilités, et par un extrait des *Conquérants* de José María de Heredia.

« Notre crainte la plus grande, écrit Mandela en 1994, n'est pas d'être inadéquat et stupide. Notre crainte la plus grande est d'être puissant au-delà du possible. C'est notre lumière et non notre ombre qui nous fait le plus peur. Nous demandons : qui suis-je pour pouvoir être brillant, merveilleux, beau, plein de talent, mais, en fait, pourquoi ne le seriez-vous pas ? Vous êtes un enfant de Dieu. Vous rendre petit n'aide pas le monde. Il n'y a rien de bon dans le fait de se réduire afin que les autres gens ne se sentent pas insécurisés en notre présence. Nous sommes nés pour pouvoir manifester la gloire de Dieu qui est en nous. Ce n'est pas donné seulement à certains d'entre nous. C'est chez chacun d'entre nous. Et dans la mesure où nous laissons notre lumière briller, nous donnons aux autres inconsciemment la permission d'en faire de même. Et comme nous sommes libérés de nos chaînes et de nos craintes, notre présence rend les autres libres. »

Comme un vol de gerfauts hors du charnier natal,
Fatigués de porter leurs misères hautaines,
De Palos de Moguer, routiers et capitaines
Partaient, [...]
Et les vents alizés inclinaient leurs antennes
Aux bords mystérieux du monde occidental.
Chaque soir, espérant des lendemains épiques,
L'azur phosphorescent de la mer des Tropiques
Enchantait leur sommeil d'un mirage doré ;
Ou penchés à l'avant des blanches caravelles,
Ils regardaient monter en un ciel ignoré
Du fond de l'océan des étoiles nouvelles.

José María DE HEREDIA

CHAPITRE III

Pourquoi certains meurent d'un « très bon » cancer, et d'autres y survivent

Comme on me demande toujours comment et pourquoi je m'occupe de malades gravissimes, je vais d'abord exposer comment je me suis intéressée au cancer. Ma cousine est morte d'un « très bon » cancer du sein, admirablement bien soigné à Paris par les princes de la cancérologie, et je me suis souvent demandé comment on pouvait mourir très rapidement d'un « très bon » cancer, très bien soigné, après une opération réussie et une bonne chimiothérapie.

Elle était médecin, femme de chirurgien, fille de médecin, directrice d'un centre de recherche médicale, mère de famille, grand-mère, sportive, musicienne, très épanouie, l'image de la joie, de la bonne humeur, de la réussite professionnelle et personnelle.

Je n'ai jamais compris comment on pouvait mourir si vite d'un si « bon » cancer si bien soigné, avec toutes les chances de son côté.

Un de mes amis, Pierre Weill, m'a alors envoyé un article de quelques pages, paru dans une obscure revue américaine, signé d'un inconnu, le docteur Carl Simonton. Cet auteur se demandait pourquoi certains mouraient si vite alors qu'ils n'auraient pas dû mourir avec un « très bon » cancer, tandis que d'autres, à un stade terminal, ne mouraient pas, ou même guérissaient. Il se disait que si, avec le même diagnostic et le même pronostic, certains vivaient et d'autres mouraient, c'était qu'autre chose que le diagnostic médical objectif était en jeu, et qu'il y avait des forces de vie ou des forces de mort, qu'il fallait comprendre pour mieux aider et soigner. Il a donc décidé avec sa femme de faire une enquête auprès des malades.

L'enquête des Simonton

Carl Simonton était un jeune radiothérapeute, exerçant à l'époque dans une base militaire, aux États-Unis, à Travis, et donc soignant le « tout-venant ». Il ne se considérait ni meilleur ni pire que d'autres collègues. Simplement, il se posait le problème de la différence de survie avec le même diagnostic. Il était marié avec une psychologue, Stephanie Matthews. Ils se sont dit que si, avec le même diagnostic et le même pronostic, certains mouraient et d'autres vivaient, c'était qu'il y avait quelque chose ; ils ont donc décidé de comprendre pourquoi et d'interroger ceux qui survivaient envers et contre tout et ceux qui guérissaient : les « gagnants » de la bataille contre la maladie. Comprendre quel était leur « truc ». Que faisaient-ils de différent ? Et que disaient-ils ? Ils ont découvert des choses très simples, qui ont l'avantage et l'inconvénient d'être très simples, pleines de bon sens et gratuites, mais en cancérologie, tout le monde se méfie toujours des choses simples, gratuites et de bon sens.

Le cancer est une maladie qui a mauvaise réputation et qui fait aussi peur que la lèpre ou la peste autrefois, mais on oublie que depuis une quarantaine d'années, près de la moitié des malades survivent à cinq ans, tous cancers réunis. Le cancer tue moins que la crise cardiaque et pourtant il fait beaucoup plus peur. En général, une partie des gens, quand ils savent qu'ils ont un cancer ou une maladie gravissime, sont comme sidérés par l'angoisse : « Je suis gravement atteint, je ne comprends pas ce qui m'arrive, je n'y suis pour rien, c'est épouvantable. » Et une grande partie des gens réagit au cancer en pensant : « Il n'y a rien à faire, je vais mourir bientôt dans d'épouvantables douleurs. » Ils ont le préjugé du condamné, de l'innocente victime d'un fléau implacable et incompréhensible, l'idée que c'est une maladie contre laquelle on ne peut rien, et qui ne peut qu'être fatale.

Ceux qui guérissaient très bien, c'étaient les gens qui se sortaient de l'angoisse, de l'impuissance devant l'inéluctable, du sentiment d'impuissance et d'absence d'espoir, de la sidération-dépression, en rattachant le cancer à des faits objectifs qui leur étaient arrivés, à des événements de vie, et qui disaient des choses comme ceci :

– « Lorsque mon mari est mort, ma vie s'est terminée ; je me suis dit : "Je ne peux plus continuer à vivre comme cela", et effectivement, moins d'un an après, j'avais le cancer. Cela ne m'étonne pas. »

– « Lorsque mon enfant est mort, je n'ai plus eu envie de vivre. »

– « Lorsque mon entreprise a fait faillite, je n'ai pas réussi à la sauver ni à retrouver du travail, et je me suis dit : "Ma vie est finie". »

– « Lorsque le dernier enfant a quitté la maison,

je me suis dit : ma vie n'a plus de sens. D'une certaine façon, cela ne m'étonne pas d'avoir le cancer. »

Et un certain nombre qui guérissaient envers et contre tout étaient des gens qui disaient : « J'ai subi tel ou tel événement dramatique, j'ai perdu mon conjoint, ou mon enfant, mes parents, mon travail, ma maison, ma fortune, je comprends pourquoi je suis malade, mais finalement je n'ai plus envie de mourir comme ça, je vais me battre et survivre quand même. »

Les « battants » et « gagnants » de la bataille contre la maladie gravissime étaient des gens qui rattachaient leur cancer à un événement de vie objectif, dramatique, triste, tragique, à un stress ou une overdose de stress et qui pensaient que, quand même, on pouvait lutter contre le stress.

Nous savons bien que jusqu'à présent on n'a pas pu prouver un lien direct entre stress et cancer. Il s'agirait plutôt, dirait Henri Laborit, de gestion du stress que de stress en soi. Et depuis la découverte de neuro-récepteurs sur les globules blancs, on comprend mieux le lien entre stress et cancer.

Quoi qu'il en soit, ces « gagnants » qui attribuaient leur cancer à des événements de vie stressants géraient leur stress et surmontaient leurs avatars.

Que disaient encore ces « gagnants » contre la maladie, et ces malades exceptionnels ? Beaucoup tenaient un langage surprenant : « J'ai un cancer grave, le médecin m'a dit que j'avais un cancer au stade terminal. » (Rappelons qu'aux États-Unis, il est obligatoire pour le médecin de donner le diagnostic au malade : tous ces malades savaient qu'ils avaient un cancer, et quand c'était un cancer au stade terminal, ils le savaient aussi.)

Parmi ces malades au stade terminal, certains disaient cette phrase incompréhensible : « Je ne peux pas me permettre de mourir, parce que je suis le seul fils et soutien d'une mère veuve et âgée, je ne peux pas me permettre de mourir tant que ma mère est en vie, elle a besoin de moi, il faut que je m'occupe d'elle, il faut que je me garde en vie pour elle, tant qu'elle a besoin de moi... » Et Simonton avait découvert que lorsque la mère mourait, le lendemain de l'enterrement, il y avait une rechute du cancer, et ce malade mourait dans la semaine.

Parmi ces malades au stade terminal, certains disaient : « Je ne peux pas me permettre de mourir tant que mon enfant, qui est tout petit, n'a pas fini ses études, ne s'est pas marié, n'a pas une situation », et on voyait à ce moment-là des gens ayant un cancer au stade terminal survivre on ne sait pas trop comment, trois ans, huit ans, dix ans, quinze ans, dix-huit ans, vingt ans quelquefois, et lorsque le fils ou la fille se mariait, avait une situation, à l'arrivée de la première paye, le père avait une rechute et mourait, comme s'il y avait quelque chose qui se passait, comme s'il y avait une décision inconsciente, qui faisait qu'il y avait un sursaut d'énergie qui maintenait la vie jusqu'à une date que les gens se fixaient eux-mêmes. Très curieux... et pas très cartésien, mais explicable par la logique du cœur.

Pourquoi se faire plaisir peut être facteur de guérison

D'autre part, qu'est-ce que ces gens faisaient ?

Contre le stress, la plupart faisaient de la relaxation pour lutter contre l'angoisse et la maladie, de l'exercice physique ou du sport, se faisaient plaisir.

Simonton raconte l'histoire d'une dame qui avait un cancer au stade terminal : on lui donnait trois mois de survie et quand elle a discuté avec Simonton, il lui a demandé ce qu'elle avait eu envie de faire dans sa vie. Elle a répondu qu'elle souhaitait faire le tour du monde, et qu'elle n'avait jamais pu se le permettre puisqu'elle n'avait pas d'argent. Simonton lui a dit : « Perdue pour perdue, pourquoi ne feriez-vous pas ce que vous avez envie de faire ? » La dame a pensé que c'était effectivement une bonne idée ; elle a vendu sa maison, ses meubles, ses valeurs, ses effets, réuni assez d'argent pour faire le tour du monde et, avec ses métastases multiples, elle est partie faire le tour du monde ; et au grand étonnement de tout le monde, de Simonton et d'elle-même, elle n'est pas morte dans les délais, elle est revenue, et quand elle est revenue pour passer un contrôle, au lieu d'être mourante, elle était en parfaite santé, ses métastases multiples avaient disparu. Il y a eu ainsi plusieurs cas de rémission spontanée.

Cela pose une série de problèmes : comment se fait-il qu'en faisant ce qui vous fait plaisir, brusquement le cancer régresse ? On peut voir des gens atteints d'un cancer grave, en instance de divorce ; puisque c'est un cancer au stade terminal, que le médecin prévient la famille, le conjoint décide d'arrêter la procédure de divorce, pensant qu'il n'y en a plus que pour quelques mois, se sacrifie, fait son devoir, rentre et reprend la vie commune ; au bout de quelques mois, il n'y a plus de cancer, plus de métastases, et alors le problème resurgit parce que l'autre conjoint veut à nouveau refaire sa vie ailleurs et repart – et le cancer s'aggrave, le malade guérissant rechute...

Mais on a vu aussi des gens guérir de cancers au stade terminal en tombant amoureux. On a vu des gens guérir avec l'effet placebo, avec des médicaments considérés comme des « médicaments miracle » ; puis la presse a publié que ce médicament n'avait aucune valeur et les gens qui se soignaient avec ont fait une rechute le lendemain et sont décédés très rapidement.

L'effet placebo est peut-être lié à une prédiction que l'on fait dans sa tête : ce qui vous soigne (le médecin, le médicament) va vous guérir.

Laisser la porte ouverte à l'espoir

On pourrait peut-être dire que l'espoir fait vivre, qu'il est très important d'ouvrir la porte à l'espoir, de ne pas enfermer les malades dans une situation sans issue, et de les aider à reprendre plaisir à vivre. Lorsque je dis qu'il est important de laisser la porte ouverte à l'espoir, je ne veux dire ni qu'il faut mentir au malade, ni qu'il faut lui donner de faux espoirs, mais qu'on peut honnêtement savoir (et dire) qu'il n'y a jamais de certitude fatale en thérapie, et qu'on a vu des gens « s'en sortir » malgré un pronostic pas fameux. Du moins, depuis que j'ai vu des métastases multiples disparaître, des métastases du foie régresser – je peux affirmer par expérience que j'ai vu des rémissions dites spontanées et des régressions – je crois possible de redonner espoir au malade et l'aider à reprendre courage, envie de se battre, envie de revivre, envie de vivre pour quelque chose ou quelqu'un : l'aider à retrouver en soi l'envie de vivre...

Que faisaient encore ces malades qui guérissaient envers et contre tout ? Ils se passionnaient pour quelque chose ; il y a eu l'été 1987 un groupe de malades japonais atteints de cancer qui sont venus en France avec leur médecin traitant, pour faire l'ascension du mont Blanc. Ils ont probablement dû en guérir, si on en juge par un certain nombre de cas connus.

Quand les gens commencent à faire passionnément ce qu'ils souhaitent, quand leur vie prend couleur, sens et saveur, brusquement on dirait que le fonctionnement immunologique du corps se réveille et que le déficit immunitaire disparaît. Beaucoup ont alors une flambée de vie et un renouveau de bonne santé. Certains guérissent tout à fait.

Le docteur Bernie Siegel, chirurgien américain à New Haven (et qui enseigne à l'université de Yale), a commencé, en 1978, après un stage avec les Simonton, à faire des groupes pour aider des malades à devenir aussi des « malades exceptionnels », et à développer le potentiel d'amélioration et de guérison que chacun porte en soi.

Son ouvrage s'intitule d'ailleurs *Amour, médecine et miracle*, car Siegel pense que l'amour – au sens large – et l'espoir sont des stimulants puissants du système immunitaire. Il s'est appuyé sur les travaux des Simonton et d'Ader pour développer sa méthode. Il met en exergue la phrase de Simonton : « Face à l'incertitude, il n'y a pas de mal à continuer à espérer. » Il s'élève très vigoureusement contre le reproche que certains font à la méthode, en craignant de donner de faux espoirs aux malades – attitude en soi destructrice –, car personne ne sait ni ne peut savoir si ce malade particulier ne sera pas le 1 sur 10 ou sur 100 qui va développer des forces de survie et guérir quand même.

Pendant la guerre, beaucoup de gens ont cessé d'être malades, malgré les restrictions, malgré une mauvaise alimentation, malgré les mauvais traitements et les dangers, comme si, quand on est confronté à des événements extérieurs graves, on n'avait plus le temps de soigner ses petits bobos, que ce soit la tuberculose ou le cancer. Cela soulève beaucoup de questions. Mais on rejoint peut-être ici les travaux récents de Robert Ader et de ses collègues et les travaux de cette science nouvelle : la psycho-neuro-immunologie.

L'importance de n'être pas seul

Que faisaient encore ces gens ? Ils avaient pensé qu'on ne lutte pas seul contre le cancer, et ils avaient créé un réseau de soutien ; ils avaient fait appel à leurs amis actuels et d'autrefois, à leurs parents, leurs amis de classe, leurs copains de régiment, leurs amis d'enfance, à des voisins ; ils avaient cessé de voir les gens pessimistes de leur entourage, et ne voyaient que des gens optimistes qui leur disaient : « Mais avec l'énergie que tu as, tu vas t'en sortir ! » et qui leur rapportaient des cas de gens qui étaient guéris ou vivants et allant bien avec ce qu'ils avaient, qui leur redonnaient espoir, qui les faisaient rire – oui, rire –, qui les aidaient à prendre plaisir à vivre.

Les bénéfices secondaires de la maladie

Que faisaient-ils encore ? Ils avaient découvert que la maladie et le cancer n'arrivaient pas n'importe quand, mais dans deux situations très particulières :

– d'une part lorsqu'il y avait une surdose de stress, liée à une série de pertes et d'événements de vie stressants : deuil, divorce, déménagements ;

– d'autre part, ils s'étaient aperçus qu'étant atteints d'une maladie aussi grave que le cancer, étant mourants, certains malades retiraient des bénéfices secondaires du cancer : par exemple l'arrêt des demandes en divorce, des licenciements : passer un examen ou terminer un travail ne devenait plus une nécessité.

Ils étaient arrivés à se poser la question : « Si ce cancer me servait à résoudre tel problème ? » Et lorsqu'ils se posaient ainsi le problème et trouvaient une réponse, l'évolution de leur maladie prenait un autre cours, plus favorable, ou il y avait même une amélioration spectaculaire.

Un autre point que ces malades exceptionnels avaient découvert, c'est que ce qui se passait dans leur tête avait un effet sur l'évolution de leur maladie et qu'il y avait quelque part comme une « réalisation automatique des prédictions » : ceux qui prédisaient qu'ils allaient guérir guérissaient la plupart du temps, et ceux qui prédisaient qu'ils allaient mourir dans d'atroces douleurs, malgré un bon diagnostic et un bon pronostic, mouraient souvent dans d'atroces douleurs, alors qu'ils n'auraient pas dû mourir.

Ne plus être une victime passive, mais un partenaire actif de la lutte contre la maladie

Voilà donc l'essentiel de ce que les Simonton ont découvert chez les « battants » et les « gagnants » de la lutte contre la maladie grave. Ils en ont fait une méthode : la méthode Simonton, qui consiste donc à établir un rapport entre la maladie, des événements de vie et une surdose de stress – donc à trouver une « cause » à l'apparition de la maladie –, à apprendre aux gens à gérer le stress (la plupart d'entre nous ne savent pas gérer le stress), en particulier à cesser d'être des victimes passives d'un mal inexorable, pour devenir les partenaires actifs de la lutte contre la maladie grave.

Les « malades exceptionnels » refusent d'être des victimes et souvent exigent de prendre part aux choix et options médicales, ils deviennent même souvent des spécialistes de leur propre cas. Le chirurgien Siegel décrit que le médecin qui adhère à ce désir de savoir du malade et l'utilise obtient souvent des résultats spectaculairement bons. Il cite la recherche de Leonard Derogatis, selon qui les survivantes à long terme de cancers du sein avaient même de mauvaises relations avec leur médecin (selon ces médecins « classiques »).

Sandra Levy, psychologue au National Cancer Institute, a démontré que les malades « mauvais coucheurs », agressifs, ont plus de cellules T tueuses que les « bons patients ». Récemment, à Londres, une étude longitudinale de Keith Pettingale a mis en évidence une survie de 75 % à dix ans de malades qui ont réagi à l'annonce d'un cancer avec un esprit de combatif. Ces malades deviennent les partenaires du médecin, et chacun fait sa part de travail : le médecin soigne et le malade décide de choisir un bon médecin, décide de guérir, et décide que ça va marcher. Souvent cela marche mieux et même beaucoup mieux que prévu.

Pour bien se soigner et mieux guérir, il vaut mieux ne pas être angoissé ; pour cela, il faut lutter contre l'angoisse, faire de la relaxation, trois fois par jour, ou même cinq fois par jour (au rythme des tétées des bébés, au rythme des prières des couvents et des appels à la prière du muezzin). Quand on est trop angoissé ou quand on a mal, on ne peut plus consacrer ses forces à guérir.

Donc le premier devoir du médecin, du soignant, c'est d'écouter et d'entendre ce que dit vraiment le malade – d'écouter avec son cœur et sa troisième oreille, faire ce qu'il faut pour lutter contre la douleur et permettre au malade d'exprimer ses craintes, ses doutes, son découragement, son angoisse. Il doit l'aider à gérer son stress et son angoisse.

Quitter l'angoisse

Les trois moyens classiques sont donc – en plus de l'espoir – le soutien thérapeutique, la relaxation, l'exercice physique.

Le bon médecin est à la fois un bon technicien et un spécialiste de l'écoute, dit de son expérience le Dr Siegel.

Le malade doit se désangoisser et se relaxer ; c'est utile toutes les deux heures et demi, ou toutes les trois heures. On peut se relaxer par des méthodes extrêmement simples. On peut enseigner rapidement des méthodes simples, par exemple issues de Jacobson : on demande aux gens de s'étendre, de fermer les yeux, de respirer lentement et de détendre les uns après les autres tous les muscles du corps ; cela prend huit à dix minutes. Puis on demande aux malades dans cet état de relaxation, donc en ondes alpha, de visualiser leur cancer, puis de visualiser la lutte victorieuse de leurs globules s'attaquant à leur maladie et la détruisant, attaquant le cancer (il semble plus efficace de visualiser la maladie réelle et de savoir ce que l'on a, et où – mais visualiser globalement la lutte efficace contre la maladie et le rétablissement de la bonne santé agit aussi), et de visualiser l'effet bénéfique de leur traitement sur leur cancer ; s'ils sont en chimiothérapie, ils visualisent la chimiothérapie détruisant les cellules cancéreuses et respectant leur corps ; s'ils sont en radiothérapie, on leur demande de visualiser les radiations détruisant les cellules malignes en respectant les autres ; s'ils doivent entrer en chirurgie, on leur demande de visualiser l'intervention, et le chirurgien habile qui, au cours d'une bonne intervention, les débarrasse entièrement du cancer, et de visualiser enfin que le réveil et le rétablissement se passent très bien. Toujours en état de relaxation, on leur demande de visualiser ensuite le bon fonctionnement de leur système immunitaire.

Je voudrais ouvrir une parenthèse. Une recherche médicale a été faite sur les méthodes de visualisation et leurs résultats dans une faculté de médecine américaine, par le Dr Hall, au Pennsylvania State University, en 1982. On a réuni un certain nombre de malades, on leur a fait une prise de sang, puis on les a mis en état de relaxation. Ensuite, au bout de dix minutes, on leur a proposé de visualiser l'augmentation du nombre des globules blancs. On a refait une prise de sang une semaine après, et on a constaté que le nombre de globules blancs était resté élevé.

D'autres recherches, réunies en 1981 par Robert Ader, indiquent qu'on a découvert des neuro-récepteurs sur les globules blancs, sur les cellules T-tueuses. On peut maintenant comprendre comment et pourquoi l'état d'esprit des gens agit sur leur état immunitaire. C'est la psycho-neuro-immunologie. Désormais, on sait que les hypothèses et les postulats des Simonton sont fondés sur une réalité médicale.

Donc les gens visualisent le bon effet des thérapies qu'ils suivent. On voit alors diminuer, ou même disparaître, les effets secondaires de chimiothérapies (par exemple, les vomissements).

La méthode des petits plaisirs

Il y a un autre aspect bénéfique de cette méthode, c'est d'occuper les malades. Les gens qui ont une maladie grave sont souvent tristes et désespérés, ayant l'impression de ne plus avoir d'avenir ni de prise sur la vie. On les « oblige » donc à faire des choses agréables ; on leur demande de faire une liste de choses qui leur font ou leur feraient plaisir, comme de prendre un café au soleil, d'écouter de la musique, de faire un voyage... On les incite à faire une liste d'une vingtaine de choses, et on en fait une ordonnance de choses agréables, certaines gratuites, d'autres sans tenir compte du prix, quotidiennes, à court terme et à long terme, de façon qu'ils se programment pour durer plus. Par exemple, un malade hospitalisé qui « n'est pas bien du tout » a peut-être envie d'avoir un bon message, de recevoir des visites d'amis, de sortir de l'hôpital, même pour deux heures, ou de revoir sa sœur qui est à l'étranger, ou rêve d'apprendre le piano.

Les gens se font une liste de buts et de choses agréables : ils la donnent au médecin qui met un coup de tampon dessus, et cela devient une « ordonnance ». On leur demande (on les oblige presque) à faire au moins quatre choses agréables par jour. Prendre du plaisir et trouver des raisons changent la qualité de la vie. On a vu des gens avoir des rémissions spontanées en vivant intensément : en faisant le tour du monde, en apprenant à jouer du piano, en courant le marathon, en tombant amoureux... Il y a une question que je pose souvent aux malades et la réponse est tout à fait étrange. Je leur demande : « Quand et à quel âge allez-vous mourir ? » Beaucoup de gens disent qu'ils ne savent pas. Mais quand on le demande aux malades, ils peuvent généralement répondre des choses précises : dans quelques mois, à trente-trois ans, à cinquante ans... et l'on s'aperçoit que presque chacun porte en soi une idée, voire une « décision claire » (un « script ») de la date de sa mort, mais cette décision peut ne pas être une décision définitive, même si le malade gravissime est déjà en train de l'exécuter.

Rendre au malade la paix du corps et du cœur

Je vais prendre un exemple : j'ai eu l'occasion de soigner un homme qui avait trente-deux ans et onze mois. Il avait des métastases au cerveau, et je lui ai demandé à quel âge il pensait mourir ; il m'a répondu : à trente-trois ans. Je lui ai demandé quand il avait « décidé » de mourir à cet âge. Il s'est rappelé à ce moment-là que lorsqu'il était au catéchisme, il s'était identifié au Christ et avait décidé, à six ou sept ans, de mourir à trente-trois ans. Cela lui a fait un choc de découvrir qu'il allait avoir trente-trois ans, qu'il avait un cancer (il savait qu'il avait un cancer au stade terminal), et que finalement c'était sa décision à lui. On a essayé de renverser la vapeur : peu de temps après cet entretien, les métastases du cerveau ont diminué, mais finalement c'était un homme qui ne prenait aucun plaisir à vivre sa vie actuelle ; c'était un prêtre défroqué qui s'était marié et qui s'était rendu compte que le mariage ne résolvait pas ses problèmes ; il se sentait coincé : il était professeur de philosophie, et finalement ses élèves, sa famille, sa vie, cela n'avait plus aucun sens pour lui. Il est mort le jour de ses trente-trois ans.

Reprécisons de quoi il s'agit : il s'agit de rendre au malade la paix de l'âme et du cœur et de lui permettre de vivre pleinement ce qu'il vit, et souvent alors la stabilisation, la guérison arrive de surcroît, comme par un renversement de vapeur des « forces de vie » et des pulsions de mort, avec un renouveau d'énergie et une activation du système immunitaire. Dans ce cas-là, on n'a pas pu renverser la vapeur, mais il y a des cas où on l'a pu.

Une femme surprotégée

Voici un autre cas clinique. Il s'agit d'une charmante jeune femme qui m'est arrivée par le biais de l'université. Lorsque son médecin a prévenu ses parents qu'il était à leur disposition pour l'euthanasie le jour où elle le voudrait, où elle souffrirait trop, les parents ont eu la très bonne idée de le lui dire (elle avait un sarcome). Elle est venue me trouver et on a essayé de voir « pourquoi et comment » elle était tombée malade ; elle a fini par trouver que sa vie affective n'était pas celle que son père aurait souhaitée pour elle. Son père voulait un fils, et il n'avait que plusieurs filles ; c'était une étudiante un peu libérale, un peu gauchiste, un peu « moderne et ouverte » ; elle avait eu quelques expériences sexuelles, et n'était pas du tout le genre que son père, un militaire, souhaitait. Sa famille et elle avaient des valeurs différentes et un mode de vie presque opposé. Elle avait quitté sa famille pour venir à Nice faire ses études, et à un moment donné, plutôt que de faire face à la réprobation de son père, elle avait « préféré faire un cancer » et mourir. Mais, confrontée au diagnostic de mort, elle s'est dit que non, finalement, elle n'avait pas envie de mourir. Nous avons commencé à travailler avec elle, et elle a réussi à garder son bras (à l'époque, c'était exceptionnel) et à ne pas mourir. Et, au grand étonnement de tous, elle ne mourait pas, mais elle ne guérissait pas non plus. Elle faisait partie d'un groupe que j'animais, et un des membres du groupe lui a dit : « Tu nous casses les pieds ; pourquoi ne guéris-tu pas ? » Et elle a découvert qu'elle avait d'énormes bénéfices à être malade : son père lui parlait, sa mère l'adorait, elle pouvait ne pas passer ses examens, elle n'était pas obligée de travailler.

Sa mère, à force de la surprotéger, en l'accompagnant un jour dans un magasin, lui a donné un coup avec son sac à main et lui a fait une fracture supplémentaire de son bras malade (les parents sont parfois ambivalents vis-à-vis de leurs enfants). On devait, pour sauver son bras, lui faire une intervention et une greffe et elle n'arrivait pas à se décider. Je lui ai proposé de jouer l'opération en psychodrame. Elle a joué le rôle du chirurgien, en mimant l'opération, et elle a décidé qu'elle mourait. Puis elle a joué le psychodrame de son enterrement : elle a pris le rôle du curé et a prononcé l'homélie : « Quel dommage ! Une jeune fille si gentille, si charmante ! Quel dommage qu'elle n'ait pas pu passer ses examens, ni avoir d'enfants, ni avoir un travail. » Ce psychodrame lui a fait un choc salutaire, et a réveillé son énergie. Après cela, elle s'est dit : « Ah non. Je ne veux pas mourir ! », et donc elle a accepté son opération, qui a réussi ; et tout ce qu'elle avait dit en tant que curé, elle l'a réalisé : elle a passé ses examens, a eu un merveilleux petit garçon (qui a actuellement six ans), et elle n'a plus de cancer du tout, alors qu'elle était restée entre la vie et la mort pendant plusieurs mois.

Pourquoi il faut dire la vérité au malade

Cet exemple pose problème.

Quand on affronte la mort réellement ou symboliquement (on « fait comme si », en psychodrame), on peut développer en soi des forces extraordinaires de survie. On pose souvent la question : doit-on ne pas dire aux gens qu'ils ont un cancer, et un cancer grave ? Rappelons que dire la vérité est obligatoire aux États-Unis et qu'on n'y enregistre pas plus de décès que chez nous, au contraire. Rappelons aussi que si vous passez à côté d'une personne accidentée sans vous arrêter, vous pouvez être accusé de non-assistance à personne en danger ; et je dirais par extension que si l'on prive quelqu'un de la possibilité de mobiliser ses forces de survie, on pourrait aussi parler de non-assistance à personne en danger de mort, parce qu'il y a une force de vie tout à fait extraordinaire qui peut se réveiller chez les gens. On a vu souvent des gens, que l'on croyait condamnés, survivre ; et des gens, que l'on pensait faibles ou fragiles, développer souvent des forces extraordinaires en cas de crise ou de malheur, en cas de guerre, de deuil, d'incendie, de maladie grave. Face au danger de mort imminente, des forces insoupçonnées se libèrent souvent. Et souvent il faut savoir que l'on est gravement malade pour s'arrêter de boire, de fumer, de trop manger, de trop se dévouer, de trop travailler, pour faire enfin les révisions déchirantes qui permettraient de guérir – pour oser vivre pour soi. Qu'il serait dommage de les priver de cette force de vie !

La qualité de la survie

Ne me faites pas dire qu'il suffit de changer sa manière de penser et de vivre, de manger, de renverser la vapeur pour sauver tous les malades. Je ne le dis pas, et ne le pense pas, mais on constate chez les malades, quand on applique cette méthode, deux choses :

– d'abord une transformation et une amélioration de leur qualité de vie, souvent une augmentation de la durée du délai prévu, de quelques mois, voire pour certains de nombreuses années ;

– mais surtout une étonnante transformation de la qualité de la survie. Rappelons que cette méthode est une méthode adjuvante de la médecine classique. Une de mes étudiantes, Mette Jaillet, infirmière, a fait à l'école des cadres infirmiers de Lyon une petite thèse sur la comparaison entre la méthode classique seule et la méthode classique plus l'approche Simonton, pour soigner les malades ; elle a donc choisi dans plusieurs villes des personnes avec des cancers comparables. Elle a mis un an pour faire ce travail. Avant la fin de son année d'étude, tous les malades soignés par les thérapeutiques classiques seules étaient morts. Rappelons que la durée de survie à cinq ans est de 45 à 48 %, tous cancers confondus. Elle avait choisi des patients atteints de cancers assez graves. Tous ceux qui étaient soignés par les thérapeutiques classiques et en plus par la méthode Simonton étaient vivants. Ce qui était le plus étonnant dans ce qu'elle avait découvert au cours d'entretiens semi-directifs avec ces malades en traitement, c'est que ceux qui étaient soignés dans des hôpitaux parlaient de survivre, alors que ceux qui utilisaient la méthode Simonton en plus parlaient de vivre et ils disaient : « Ma maladie m'a servi à comprendre enfin le sens de ma vie, je vis enfin pleinement, je fais ce que j'ai envie de faire, même si cela ne doit pas durer longtemps. »

Non seulement la qualité de vie est différente, mais pour un certain nombre de malades, les rémissions ont été plus longues. C'est peut-être un hasard ou un trop petit nombre de cas étudiés, mais ces résultats recoupent les recherches cliniques de Simonton et, plus récemment, celles de Siegel.

Cancer et transgénérationnel

Je voudrais maintenant apporter un autre point de vue que celui de Simonton, et complémentaire au sien.

Quand on applique une méthode étrangère (et je ne suis pas américaine), on l'applique avec ce que l'on est, et pas seulement avec ce que l'on sait. Il se trouve que j'ai une double formation, française et américaine, psychanalytique (freudienne) et groupale : ma formation psychodramatique a été faite aux États-Unis.

Je me suis donc sentie interpellée par le fait, que je constatais, que certains patients tombaient malade à une certaine période de leur vie, à certains âges critiques, à des périodes qui leur paraissaient importantes. Une de mes premières malades m'a dit, quand, étant chez elle, je lui demandais de qui était le grand portrait sur sa cheminée : « C'est ma mère, elle est morte à trente-cinq ans.

– Quel âge avez-vous ?

– J'ai trente-cinq ans, et je pense que je mourrai comme ma mère, au même âge et du même cancer, parce que j'ai un cancer du sein comme elle. »

Avec Carl Simonton, on commence par situer les « événements de vie » et comptabiliser les stress et l'overdose de stress. Lawrence LeShan puis Stephanie Matthews Simonton remarquent aussi le lien entre la dépression chronique (souvent sous des airs enjoués) et le cancer.

Dans mon travail, je fais un pas supplémentaire, avec le lien entre plusieurs générations, j'apporte quelque chose de nouveau.

Quand on parle avec les malades, on s'aperçoit que beaucoup, questionnés sur leur famille et leurs maladies, disent soudain avoir « attrapé le cancer » à une date importante, qui est la date à laquelle un membre de leur famille auquel ils se sont peut-être identifiés, comme leur mère, leur grand-mère ou leur marraine, a eu un cancer, comme s'il y avait eu une loyauté familiale invisible, ou même un syndrome d'anniversaire.

Et il y a des gens qui choisissent d'avoir un cancer à une date symbolique. Une de mes étudiantes me parlait de sa mère, qui était morte le jour de l'anniversaire de la mort de son propre père.

Quand on commence à rechercher les répétitions, à rentrer dans le système des âges ou des dates symboliques pour la famille du malade, on découvre des choses tout à fait intéressantes, assez curieuses, que je vais illustrer par quelques exemples cliniques qui m'ont particulièrement frappée.

Charles, qui ne voulait pas se soigner

C'est un monsieur qui a trente-neuf ans, et qui a un cancer des testicules. Appelons-le Charles. Il est marié et il a une fille de neuf ans. Il se fait opérer de son cancer. L'opération est réussie, mais, six mois après, il fait une rechute avec métastases pulmonaires. Il refuse la radiothérapie, il refuse la chimiothérapie, et, peu de temps après, il meurt. Mais avant, on a essayé de voir avec lui si on pouvait l'aider, s'il acceptait de se soigner et de parler de ce qu'il éprouvait, si on pouvait « aller plus loin ». Ce malade posait des problèmes non seulement à son médecin, mais à tous ses soignants : pourquoi avait-il accepté la chirurgie, et refusé le reste des soins proposés ?

Il avait un père de soixante-quatorze ans, et une mère de soixante-douze ans. Son père était boucher, son grand-père avait été boucher ; et nous pouvons donc comprendre pourquoi, ayant l'habitude du couteau, il a accepté avec confiance la chirurgie. Mais pourquoi a-t-il refusé les autres traitements ? Et là, cela devient tout à fait curieux et intéressant : son grand-père paternel (le boucher) était mort d'un coup de pied au testicule, alors que son père avait neuf ans : son père, à neuf ans, était donc devenu orphelin. Il répète la situation entièrement : à trente-neuf ans, il a un enfant de neuf ans, donc il a eu un enfant à l'âge où son grand-père a eu un enfant : la même répétition familiale ; et si l'on regarde ce qui s'est passé du côté de son autre grand-père maternel : on voit qu'il est également mort à trente-neuf ans (il a été gazé pendant la guerre). On s'aperçoit que le pauvre Charles a été marqué dans son corps comme ses deux grands-pères (testicules et poumon) ; son père était orphelin à neuf ans, sa mère était aussi orpheline jeune (à peine neuf ans) et il a répété la situation familiale, l'âge de trente-neuf ans pour sa mort, en ayant un enfant de neuf ans comme son grand-père.

Charles est mort. Il n'y a eu aucun moyen de l'en empêcher. Il a refusé d'entrer en psychothérapie pour essayer de comprendre les répétitions, il a refusé la chimiothérapie et les médicaments ; il a exigé de sortir de l'hôpital : il ne voulait pas se soigner. Il n'y avait pas grand-chose à faire, on ne peut pas obliger un malade à se soigner ; de toute façon, il était certain qu'il allait mourir. Il est mort comme il avait décidé de le faire, et sa femme s'est trouvée veuve jeune, comme la grand-mère, et sa fille est devenue orpheline à neuf ans comme son père avait été orphelin à neuf ans.

Des cas cliniques de ce genre, j'en ai beaucoup. Nous appelons cela des « répétitions familiales » et des « loyautés familiales inconscientes », en reprenant la terminologie d'Ivan Boszormenyi-Nagy.

De certaines conséquences du génocide arménien

Voici l'histoire d'une jeune femme qui était coiffeuse. Son père était coiffeur, sa mère était coiffeuse, sa grand-mère était coiffeuse. Quand je l'ai vue, elle portait une « minerve », suite d'un récent petit accident de voiture. Je lui ai demandé s'il y avait un problème de tête dans sa famille. Elle m'a dit que son enfant était né le cordon ombilical autour du cou, et, longuement réanimé, était devenu infirme moteur cérébral. Sa nièce était née avec une hernie cervicale, « la cervelle dégoulinante », histoire qu'elle m'avait racontée pour expliquer qu'ensuite elle ne voulait plus avoir d'enfant. J'avais été frappée de ce que ces deux enfants avaient eu des problèmes, à la naissance, au niveau de la tête. Là, elle m'a raconté une histoire étonnante. Sa grand-mère avait vu la tête de ses deux sœurs et de sa mère portées au bout de piques, au moment du génocide des Arméniens.

Elle était arménienne. Je ne connaissait pas grand-chose au génocide des Arméniens ; depuis, j'ai lu, et j'ai donc appris qu'en 1915 il y avait eu deux millions et demi d'Arméniens décapités, exécutés, jetés dans les rivières, et dont on avait tué les enfants. La grand-mère de cette jeune femme devait avoir cinq ou six ans, et avait été très marquée par cette histoire. Et je me suis demandé comment et pourquoi les arrière-petits-enfants de cette petite fille étaient nés, l'un avec le cordon autour du cou, l'autre avec la « cervelle dégoulinante ». Je ne peux répondre à cette question, mais je me dis : « Tiens ! C'est curieux. Comme c'est étrange ! Quelle coïncidence ! » Dans les répétitions familiales, ces répétitions, ces coïncidences d'événement, de dates, de circonstances à la fois différentes et qui donnent une impression de déjà vu ou entendu, font partie des choses que l'on ne comprend pas bien, que l'on n'explique pas, mais que l'on constate.

La malédiction de Caton

Prenons un nouvel exemple clinique et racontons une autre histoire que je ne comprends pas, ni moi, ni personne, mais que je constate.

Je m'intéresse aux arbres généalogiques commentés, complétés d'histoires familiales, de liens familiaux et d'événements de vie – ce que nous appelons, en psychosociologie, le génosociogramme (terme composé de « généalogie » et de « sociogramme », ou liens socio-affectifs). Lorsque j'étais experte auprès des Nations unies, je me suis souvent rendue à Carthage ; et voici ce que j'ai trouvé. Mettons une famille où il y a une fille qui s'appelle Aïcha, une deuxième fille Fatma, une troisième fille Saloua, une quatrième fille Sara, une cinquième Amra, une sixième Delenda, puis un garçon Mohamed, et un autre Ali, et un troisième fils après. Et, à la génération précédente, il y a cinq filles, puis la mère qui s'appelle Delenda, et ensuite un garçon qui s'appelle Mohamed. « Tiens, me dis-je, Delenda deux fois. » Je me pose des qucstions et je pose des questions. Et l'on me raconte qu'il y a en Tunisie une croyance populaire qui dit que quand vous en avez assez d'avoir des séries de filles, et que vous voulez un garçon, il faut appeler la dernière-née des filles Delenda, et un garçon vient après. J'ai voulu vérifier cela, et l'ai constaté sur de nombreux arbres généalogiques. Mais pourquoi Delenda ? Quel sens cela a-t-il ? Que veut dire Delenda ? En arabe, rien ; ni en français. Mais... Delenda a une résonance familière à mon oreille. *Carthago delenda est...* Carthage doit être détruite. Il y a deux mille ans, la malédiction de Caton ! Dans la région de Carthage, il y a un grand nombre de familles comme cela. Des agriculteurs, qui ne parlent pas latin, ne connaissent pas la malédiction de Caton, appellent leur fille Delenda. Tout va bien pour la fille, elle se marie, a des enfants, mais la « race des filles » disparaît après elle : la série des filles s'arrête là et il naît des garçons. Pourquoi ? On ne peut pas décider du sexe des enfants à la naissance, mais « ça marche » depuis deux mille ans. Cela continue à se dire et à se faire dans la région de Carthage. Pourquoi et comment, je n'en sais rien.

J'ai posé la question à des amis généticiens. Il n'y a aucune raison, ni explication. Il faudrait, pour mieux le préciser scientifiquement sur de grands nombres, pouvoir faire une enquête démographique et psychosociologique pour savoir si c'est cliniquement vrai, ou aussi statistiquement vrai. Cela peut être une coïncidence, mais il faut que cela arrive bien souvent pour que depuis deux mille ans on continue d'appeler une fille cadette (d'une série de filles) Delenda, pour enfin avoir un garçon. Cela m'interroge, en tant que psychologue et psychanalyste, sur le fonctionnement transgénérationnel de quelque chose qui peut avoir un impact génétique.

Dans sa thèse de médecine de 1948, Marcel Paul Schützenberger avait mis en évidence des séries de huit, dix, quinze filles à la suite, dans la même famille, et émis l'hypothèse de l'imprégnation du corps de la mère par le sexe de l'enfant influant sur le sexe de l'enfant suivant, quand les naissances sont rapprochées – l'enfant suivant étant du même sexe de façon statistiquement significative.

La petite fille qui disait « Mouri »

Je reçois une jeune femme, infirmière, mariée à un médecin, mère d'un bébé de dix-huit mois, et qui a un cancer de l'utérus. Elle vient me voir, non pas pour soigner son cancer, mais parce qu'elle est inquiète : sa petite fille dit sans arrêt : « Mouri. » Or la petite ne sait pas vraiment bien parler, puisqu'elle a dix-huit mois ; la jeune femme a un cancer grave, dont le pronostic n'est pas bon. Je lui demande si elle en a parlé en famille. Elle n'en parle pas en famille, et ne comprend pas pourquoi la petite dit : « Mouri, mouri. » Je lui demande comment s'est passé son accouchement, et elle répond : « Très bien, merci », avec une mimique qui signifiait le contraire. « Tiens ? Cela ne s'est pas très bien passé ? – Si, si, répond-elle avec le même air triste, très, très bien. »

Je lui demande alors comment s'est passée sa naissance. Elle me raconte que sa mère a failli mourir à sa naissance, à cause d'un accouchement très difficile, et a été longuement hospitalisée, et qu'elle a été séparée de sa mère à la suite de cela, élevée par sa grand-mère, et que sa mère, qui est malade depuis, donc depuis trente-cinq ans (puisque sa fille a trente-cinq ans), culpabilise sa fille en disant : « C'est depuis ta naissance que cela ne va pas. » Je demande comment la mère est née : eh bien, la grand-mère aussi a failli mourir à l'accouchement, et n'a jamais pardonné cet incident et sa grande peur à sa fille.

Je lui fais donc remarquer qu'elle, « malheureusement, n'a pas failli mourir à l'accouchement » qui « s'est très, très bien passé, merci », et que donc elle « s'offre un cancer » pour rentrer dans la tradition familiale : une jeune femme doit prendre un risque mortel, sinon elle ne peut pas devenir mère de famille. Elle répond que cela s'est peut-être effectivement passé comme cela.

Au cours de cet entretien, nous faisons son génosociogramme et parlons longuement. Elle revient me voir un mois après. Deux choses ont changé dans sa vie. Primo, la petite ne dit plus « Mouri, mouri » ; et deuxièmement, son cancer commence enfin à céder au traitement médical. Mais il me semble cliniquement qu'il y a encore autre chose dans son histoire familiale. Je lui demande de faire une enquête, car cela me paraît tout à fait étonnant qu'elle soit si malheureuse d'un bon accouchement. « Il y a sûrement eu une mort à la naissance dans votre famille. – Non, ni ma mère, ni ma grand-mère », dit-elle. Je lui demande donc de se renseigner auprès de sa grand-mère et de sa grand-tante ; elle revient me voir huit jours après. On découvre que la grand-mère, qui a failli mourir, est la deuxième épouse du grand-père, la première étant morte à l'accouchement. Et tout se passe comme si la grand-mère qui a élevé cet enfant se sentait coupable de remplacer dans cette famille la première épouse décédée, la mère morte. Elle a donc failli mourir lors de son propre accouchement, sa fille de même, et sa petite fille a eu un cancer six mois après son accouchement. J'appelle cela, si vous voulez bien me le permettre, un « cancer puerpéral », car j'ai vu suffisamment de cas semblables.

On aurait intérêt à parler avec les femmes enceintes de la place de la grossesse et de l'accouchement dans l'imaginaire familial, qui n'est pas simple du tout, de façon à se rendre compte du « cinéma familial » et personnel que chaque femme se fait sur ses points, de son « script de vie » (qui peut être parfois un script de maladie et de mort).

CHAPITRE IV

Le cancer en cascade ou en ressac

Le cancer en cascade est une façon imagée et signifiante de désigner certains cancers (non transmissibles génétiquement) que l'on voit apparaître dans de nombreuses familles, au même âge, de génération en génération, et de mère en fille, ou de grand-mère à petite-fille, ou de grand-père à petit-fils, en sautant souvent une génération. Nous parlerons de cancer en ressac si c'est, par exemple, la mère qui développe un cancer gravissime ou mortel pour l'anniversaire de la mort de son enfant.

Ayant remarqué ce syndrome d'anniversaire chez près de 30 % des malades que je voyais, je le recherche désormais systématiquement en resituant la maladie dans son contexte.

Il est intéressant de faire un entretien en profondeur, « historique », c'est-à-dire en faisant l'anamnèse de la maladie – en reprenant la vie du ou de la malade dans le contexte de son histoire personnelle et familiale. On porte les faits importants sur un arbre généalogique commenté et agrémenté des faits et événements de vie importants.

L'année de fragilisation

On observe souvent qu'un cancer apparaît au cours d'une année de fragilisation d'anniversaire.

Il s'agit d'une date ou d'une période d'anniversaire (comme le même mois tragique, voire la même date, jour pour jour ou commémoratif) – ou de l'année de fragilisation d'anniversaire (le/la malade ayant le même âge que celui d'un disparu très aimé) – anniversaire donc d'un fait familial difficile ou tragique : un décès, un accident grave ou mortel, un cancer grave ou mortel, un naufrage, un incendie, ou encore une fausse couche, un accouchement très difficile ou ayant entraîné la mort.

Il peut s'agir d'un événement personnel ou familial connu – ou connu et oublié – ou même inconnu du sujet (secret de famille, par exemple), du sujet conscient : mariage, naissance, décès, déménagement. Il peut s'agir d'un fait historique d'anniversaire fêté (comme un cinquantenaire), d'un événement collectif culturel : la guerre, la paix, le débarquement, la libération des camps de déportation, d'internement ou d'extermination, voire d'un naufrage ou d'un incendie, d'un massacre.

Rappelons que la médecine classique a tendance à lier la maladie, et surtout la maladie grave comme le cancer, uniquement à des facteurs externes identifiables : microbes, virus, voire suites d'accidents, d'accouchements, de maladies génétiques, un milieu pathogène, des matières cancérigènes... et à ne pas voir le versant psychosomatique ou psychologique, ou psychosocial, du déclenchement des maladies.

Je veux dire, avec bien d'autres spécialistes du cancer, que le cancer est une maladie pluri-factorielle, ce qui entraîne, selon moi, par voie de conséquence, que l'évolution de la maladie, comme la guérison, est aussi plurifactorielle, et que le facteur « moral du malade », bon moral et optimisme de la famille, des médecins et du milieu, est vital.

Pour une prise en charge globale de la maladie

Le soutien et le ressourcement psychologiques sont des facteurs importants dans l'amélioration et la guérison, même pour des maladies souvent gravissimes comme le cancer (et même dans la stabilisation de malades atteints du sida).

Rappelons qu'un certain courant psychosocial, psychosomatique et analytique lie le cancer et toute maladie gravissime à une overdose de stress ou à des événements affectifs et de vie traumatisants. C'est dans ce courant qu'il faut placer les recherches et les très bons résultats, pendant plus d'une vingtaine d'années, de Carl Simonton et Stephanie Matthews Simonton, Anne Ancelin Schützenberger, David Siegel, ou encore Pierre Marty.

Pour la plupart des médecins psychosomaticiens français, le mauvais moral pourrait entraîner la maladie, mais ils hésitent à accepter l'inverse, qui est qu'en rétablissant l'amour de la vie et l'espoir, le fonctionnement du corps peut s'améliorer, pour arriver éventuellement même jusqu'à la guérison.

Rappelons aussi les travaux de Lawrence LeShan sur le cancer, mettant en évidence que le déclenchement du cancer serait lié à une réactivation, à l'âge adulte, d'une perte d'objet d'amour durant l'enfance, dont le deuil n'a pas été fait.

Une série de recherches récentes présentées par Norman Cousins fait le point du nouveau courant de la psycho-neuro-immunologie. Robert Ader ou Ernest Rossi ont mis en évidence de nouveaux neurotransmetteurs, plus d'une centaine, découverts en quelques années, permettant éventuellement de comprendre par quels liens, par quels circuits, les émotions et fractures de l'âme peuvent se transmettre au corps entier et influencent même le « système nerveux autonome », que l'on croyait, à tort, à l'abri des remous affectifs.

De nombreux chercheurs ont montré les liens entre la maladie et des émotions négatives, comme le deuil.

On a travaillé, par exemple, les relations statistiques entre deux séries de faits : le cancer et la perte d'un conjoint. Une étude anglaise a révélé les nombreuses maladies et même des décès statistiquement plus fréquents chez les veufs et veuves, dans l'année qui suit la perte, que dans la population normale. C'est une constatation clinique quotidienne que j'ai aussi faite à Nice, la Côte d'Azur étant une région de prédilection des retraités. On pourrait presque parler de cascade familiale de décès chez les veuves, tout se passant comme si le cancer passait du malade mourant au conjoint survivant.

On constate aussi ce traumatisme en cascade d'un frère à l'autre, comme le décrit si bien, en parlant de lui-même, le docteur G. L. Engel, lequel a remarqué qu'il tombait malade pour les anniversaires successifs de la mort de son cher frère.

R. Classer a démontré par ailleurs que la réduction du stress et l'anticipation d'émotions positives augmentent le bon fonctionnement du système immunitaire et que la relaxation augmente le nombre de cellules T et NK.

Mon approche, pour l'essentiel, s'appuie sur le premier travail des Simonton de 1975 : ils ont constaté que la lutte contre le stress par divers moyens (relaxation, exercice physique, support affectif) et le support de la psychothérapie pouvaient améliorer le cours de la maladie, au point d'obtenir des prolongations notables de la durée de la vie, accompagnées d'améliorations spectaculaires de la qualité de la vie, chez certains malades atteints de cancer gravissime, voire des « rémissions spontanées » de cancer terminal dans certains cas. J'en connaissais.

L'importance de cette prise en charge globale du malade a été aussi démontrée, bien malgré lui, par la recherche du Dr David Spiegel parue dans le *Lancet* en 1989, indiquant, de façon statistiquement significative, sur un très grand nombre de patients, que six mois de psychothérapie doublaient au moins la durée (prévue) de survie de malades atteints de cancer. En essayant de contester les thèses de Simonton, à partir d'un très large échantillon de malades, David Spiegel et ses collaborateurs en ont démontré le bien-fondé...

J'ai rencontré, plus de dix ans après, plusieurs des malades survivant à leur « cancer terminal » cités par Carl et Stephanie Simonton dans leur article de 1975. Ils étaient soignés avec leur approche de l'époque – devenue classique –, légèrement différente de ce que Carl a expérimenté après, seul, centré surtout sur les croyances des malades et celles de leur entourage, en cherchant à transformer celles qui sont néfastes.

J'ai moi-même aidé depuis vingt-cinq ans de nombreux malades à affronter la maladie gravissime par une approche voisine de celle des Simonton décrite dans leur ouvrage, augmentée de récits de vie familiale et par le génosociogramme. Plusieurs de ces malades ont eu des rémissions dites spontanées ou idiopathiques de cancer terminal, diagnostiqués et soignés auparavant (mais sans guérison, à Paris, par exemple à l'excellent hôpital de Villejuif, dans les années 1980, et qui sont en pleine activité et santé plus de quinze ans après).

Ces malades disent qu'ils *vivent* pleinement, maintenant, alors qu'avant ils parlaient seulement de *survivre*.

Des « guérisons miraculeuses »

Sous le coup du choc de l'annonce de la maladie gravissime ou mortelle, c'est comme si le temps s'était arrêté pour ces malades, dans un monde sans horizon, un temps vécu au jour le jour, sans aucun investissement dans l'avenir, qui est bouché. C'est un temps sans avenir, sans projet – on pourrait dire un temps mort, voire un temps en attendant la mort.

Mais comme le dit Rollo May, il arrive que ce temps prenne épaisseur et valeur, la valeur de l'ici et maintenant et de l'instant présent, une valeur inestimable. Il se produit alors parfois un renversement des valeurs : *le malade apprend à vivre le plaisir de l'instant présent.*

Chez de nombreux malades, c'est à partir du moment où ils retrouvent des raisons de vivre et d'espérer, ou de vivre au jour le jour en prenant plaisir à vivre, que quelque chose bascule : le temps qui restait à vivre devient un temps pour vivre pleinement.

Cela s'accompagne souvent d'une autre façon de vivre, avec de nouvelles croyances et un investissement différent de la vie. On voit aussi apparaître, avec l'espoir, la possibilité de faire des projets – et le temps arrêté s'ouvre sur un avenir. C'est un temps redéployé et précieux, souvent accompagné d'un élan de vie, de bonheur, de joie et de force, d'énergie et de valorisation de l'instant présent. C'est un « cadeau » inattendu de la maladie gravissime.

Si de nombreuses « guérisons miraculeuses » ou idiopathiques ont tendance à se déclencher chez de nombreux malades, se soignant à l'aide de nombreux et divers praticiens avec des approches très différentes (plus « dans le civil » maintenant, et un peu moins à Lourdes, comme l'avait constaté le docteur Roger Pillon, de Lourdes, en 1993), il faut bien constater que l'on ne sait pas très bien comprendre comment et pourquoi ces « rémissions spontanées » se produisent, et s'il y a des « structures de personnalité » (liées ou non au concept de *hardiness*) et/ou des situations qui favorisent la guérison « envers et contre tout ». Il faudrait ajouter aussi le problème des personnes qui réagissent plus quc d'autres à l'effet placebo, à la « dissonance cognitive » ou à la « réalisation automatique des prédictions ».

Mais de constater que 30 % à 60 % des personnes répondent à l'effet placebo n'explique quand même pas comment cela fonctionne – même si ces travaux étayent les recherches sur l'effet positif des croyances et de l'espoir sur l'évolution de la maladie (Norman Cousins, C. Simonton, B. Siegel) ou des travaux des sociologues américains sur la prédiction destructrice (Robert Merton) et la réalisation automatique des prédictions (bonnes ou mauvaises prédictions) décrits en 1970 par Robert Rosenthal dans *Pygmalion à l'école*, approche appliquée avec conviction par les Simonton et par nous au cancer.

Savoir dire non permet de guérir

Des éclairages intéressants ont été faits à partir de recherches sur les « survivants » de situations de vie dramatiques. Ces études ont débouché sur le concept de *hardiness*, élaboré par Susan Kobasa en 1979 : savoir dire non, se défendre contre les « gentils siens » souvent envahissants ou déprimés par notre maladie, faire face, fixer les limites aux demandes d'autrui, s'engager, prendre la maladie comme un défi à relever... C'est aussi une qualité de mise à distance des ennuis et des ennuyeux ou pessimistes, de passion pour quelque chose, d'implication dans la vie, ou d'amour de la vie, ou d'élan vital (Bergson), qualités ou manières d'être, de vivre, de ressentir, que l'on trouve plus fréquemment chez les survivants et chez ceux qui guérissent mieux...

En plaisantant, mais avec un fond de vérité, on a presque pu dire que les malades difficiles et exigeants guérissaient plutôt mieux que les autres, et qu'il faudrait apprendre aux malades « trop gentils » à refuser d'aider conjoint, enfants, parents, voisins, amis, soignants, à ne plus dire « je ne voudrais pas vous déranger », à se plaindre, à réclamer et à penser d'abord à eux-mêmes (à être « plus égoïstes »), et à cesser de « se sacrifier ».

Rémission ou guérison ?

On peut maintenant s'autoriser à parler de guérison de cancer terminal, et non plus seulement de rémission de longue durée – il y a même 9 % de sidéens asymptomatiques qui vivent bien depuis quinze ans : on les appelle dans la littérature américaine des années 1990 les *long-term survivors*.

Rappelons que ces tournants spectaculaires de la maladie, ces rémissions-guérisons inattendues s'accompagnent très souvent de changement de mode de vie, et souvent d'apparition de l'amour dans la vie des malades, et de transformations spirituelles.

Ces changements parfois spectaculaires des choix de vie, de l'importance relative des choses, des croyances, se retrouvent aussi chez les personnes ayant une expérience de crise gravissime, souvent proche de la mort (mort annoncée, sentiment de gravité de la maladie et d'imminence de la mort).

Cette mort est souvent d'ailleurs indirectement annoncée par le médecin seulement à la famille et pas au malade, qui subodore quand même quelque chose, se tait et en souffre.

Ces transformations et expériences recoupent parfois celles constatées lors d'expérience proche de la mort clinique, avec le sentiment de passer par un couloir noir s'illuminant vers la lumière, et de rencontrer ensuite les siens, parfois morts depuis longtemps, bienheureux et soutenants.

Après cela, ces malades disent avoir perdu l'angoisse de la mort et ont souvent une vie plus calme, plus riche, et plus saine.

Ces rémissions exceptionnelles peuvent, semble-t-il, avoir une relation existentielle avec un lâcher-prise, dans divers sens de cette expression.

Certains cancers paraissent liés à un attachement exclusif un peu morbide à des biens, situations ou personnes, à un certain avoir (« avoir » une maison, une usine, un conjoint, un fils, une présidence... qui paraît indispensable à la vie) – et la rémission semble liée à une modification des relations, avec plus de détachement et une manière d'être différente.

D'autres cancers paraissent liés à une identification inconsciente familiale : une loyauté invisible à quelqu'un d'important pour le malade se marque souvent par un syndrome d'anniversaire ; celui-ci se traduit par une période de « fragilisation » (avec maladie, accident, rechute, mort... souvent), nécessitant, pour « s'en sortir », prise de conscience, changement de contexte, et lâcher-prise.

Vivre enfin pour soi

On pourrait mettre aussi ces améliorations-guérisons en rapport avec certains scripts de vie (Eric Berne) ou rôles (J.-L. Moreno).

On voit souvent une amélioration lorsque certains rôles nocifs, néfastes ou mortifères sont lâchés : comme le rôle de « perdant », de « gagnant obligatoire », de « malade », de « soigné-assisté », certains ressentiments, voire certains rôles familiaux, filiaux, professionnels, conjugaux, parentaux ou d'âge... liés à l'avoir et au paraître plus qu'à l'être. De nombreux malades vont nettement mieux lorsqu'ils se permettent enfin d'accéder à des rôles désirés, ou de réactiver des rôles positifs ou désirés, et/ou de faire des choses qu'ils aiment, ou de se séparer d'une « famille vampirisante », imposant une parentification – la fille ou le fils adulte ou encore enfant devant être ou continuer à être, une fois la crise existentielle passée, le parent de sa mère ou de son père, adulte.

Vivre pour soi, s'épanouir, prendre plaisir à vivre, se faire plaisir, s'autoriser à vivre pour soi est important pour arrêter la maladie.

Se faire plaisir, enfin, peut consister par exemple à peindre, faire de la musique, voyager, aimer, s'aimer et s'accepter, changer de métier, de profession, de maison, de région, de pays (pour aller au soleil, par exemple), et travailler dans un nouveau ou très ancien domaine professionnel (exercé et désiré).

Cela nécessite le plus souvent un gros travail de développement personnel ou/et de psychothérapie en profondeur, une prise de conscience des traumatismes subis dans l'enfance, des chocs affectifs, des séparations brutales (mort de proches, guerres, bombardements, exodes, incendies, déménagements) avec ruptures affectives d'avec un milieu, un quartier, des camarades d'école et/ou de voisinage, une bonne grand-mère ou nourrice, ou une vieille voisine, une personne aimée ou un animal favori (chat, chien, cheval ou autre), parfois un objet, un « nounours », tout cela sans que la famille prenne conscience de cette fracture de l'âme, et sans qu'on puisse donc en parler, la pleurer, la regretter.

Dénouer les loyautés invisibles

Ce travail sur soi et sa vie propre s'accompagne pour nous d'un travail complémentaire thérapeutique sur sa propre famille et son histoire, avec, souvent, réminiscence et reviviscence des traumatismes subis par certains membres de la famille et des pertes chères. Par exemple revivre, et faire le deuil d'une fausse couche, d'un enfant mort (le sien, ou un petit frère/sœur perdu dans l'enfance), et même reparler et/ou revivre la disparition en mer ou au combat, d'un grand-père ou arrière-grand-père mort d'une façon tragique et dramatique et/ou resté sans sépulture... sans parler des nombreuses maladies que nous observons chez les descendants des gazés de Verdun.

J'ai vu des rémissions s'installer après ces réminiscences et reviviscences tragiques faites de façon dramatique (en visualisation très imagée ou en psychodrame, en individuel et/ou en groupe de psychothérapie ou de génosociogramme), parfois avec des changements respiratoires, voire arrêts de la respiration, raclements de gorge significatifs.

Ces traumatismes subis dans la petite enfance, ces traumatismes familiaux hérités, ces loyautés invisibles, qu'on se passe de génération en génération sans même le savoir consciemment, comme en cascade, le sujet se les rappelle bien. Il l'exprime en en parlant, en le revivant avec grande émotion, avec une autre voix (sa voix d'enfant, une voix d'homme d'avant la mue), avec haine, révolte, remords, râles, souffrance, avec cris ou chuchotements, un murmure à peine audible parfois. Certaines manifestations corporelles sont inattendues et surprenantes : changements respiratoires, de coloration, de température (le corps devient glacé et exsude du froid), raclements de gorge, avec parfois bruit de clapet, pointement par la toux.

Nous voyons souvent des réminiscences de souvenirs de morts, de guerre, de mauvaise guerre, des camps de concentration, des bombardements et morts « injustes » du débarquement, avec divers réveils de douleurs physiques et morales, de dépressions, de cauchemars et de maladies.

Il m'est arrivé de recevoir en 1992 en Suède des malades atteints de cancers difficiles et rebelles à toute thérapeutique. En faisant leur génosociogramme, nous avons remarqué plusieurs fois qu'il s'agissait de malades qui, enfants, en Allemagne, avaient été témoins d'expérimentations médicales perpétrées sous les ordres de leurs parents nazis sur des déportés en 1942.

Prenons l'exemple d'une femme médecin qui avait assisté, enfant, à des opérations mutilantes sur des organes génitaux. Lorsque le rapprochement de ce traumatisme lié à cette vision et à la honte d'appartenir à une famille secrète de persécuteurs a été fait, le cancer de l'utérus de cette malade de la deuxième génération d'origine allemande a enfin guéri.

On m'a souvent rapporté des cauchemars chez les petits-enfants des fusillés, déportés, internés, noyés, chez des survivants ou descendants des morts, voire des vivants revenus des camps de déportation : chez des juifs, arméniens, tziganes, déportés politiques ou résistants, décédés ou revenus vivants de ces camps allemands, japonais, soviétiques ou autres.

Parler, enterrer symboliquement ces morts sans sépulture, dire les choses, retrouver et/ou oser exprimer les secrets, les non-dits politiques, nationaux ou familiaux, se désidentifier, crier la souffrance, l'injustice de ces morts, a souvent amélioré la santé ou provoqué ce qui semble une rémission ou une guérison de maladie grave, un cancer, un asthme gravissime, une « maladie de Raynaud », voire d'une maladie de Crohn (rectocolite grave) – maladies des voies respiratoires et digestives qui peuvent être liées à ce qu'on ne peut ni « avaler » ni « digérer », selon l'expression populaire.

Il est indispensable d'exprimer sa souffrance

Exprimer sa souffrance, son angoisse est indispensable.

Mais il faut en parler avec la spontanéité et la fraîcheur d'un premier jet, avec une « présence à l'instant », c'est-à-dire en découvrant ce qu'on dit, au moment où on l'exprime (sans « ressasser », sans « répéter » une histoire en s'y complaisant). Et en parler à qui peut vous écouter vraiment (donc principalement en psychothérapie, mais un bon docteur fait souvent l'affaire, généraliste ou chirurgien, s'il prend le temps d'écouter, sans préjugés).

Trop souvent le malade sent et dit qu'il survit – et non pas qu'il vit. Ou vit la vie d'un autre. L'élan de vie est vital.

On peut remarquer, dans le cancer en cascade, avec répétition au même âge, comme une introjection, comme une identification inconsciente à un proche, par loyauté familiale invisible et inconsciente : c'est comme si on vit la vie d'un autre, qu'on répète. Aller mieux, c'est renoncer à répéter ce rôle, c'est couper ce cordon.

« Je est un autre », écrivait Rimbaud – c'est comme une hantise.

Le devoir d'ingratitude

On parle souvent, peut-être à raison, d'égoïsme, de violence, de repli sur soi, de « cocooning », dans notre monde. Mais il existe aussi des gens très (trop) dévoués, oublieux de soi, vivant uniquement pour autrui, chez qui on voit apparaître le cancer : ceux qui ne vivent que pour leur famille, leur enfant, leur vieille mère, leur vieux père, leurs malades, leur travail, comme par un effet d'épuisement de toute énergie, d'absence de ressourcement et absence de limites aux demandes d'autrui, ou aussi de culpabilité d'être (d'exister), provoquant une nécessité de donner comme pour se racheter ou payer une dette.

Il est nécessaire d'apprendre à ces malades, selon l'expression imagée de Lacan, « le devoir sacré d'ingratitude », pour qu'ils s'acceptent et se donnent le droit de vivre. Cela recoupe d'ailleurs la Bible :

« aime ton prochain comme toi-même » passe d'abord par s'aimer, soi.

Lorsque le malade vit, enfin, pour lui-même, « en s'éclatant », en s'autorisant le droit de vivre, en coupant le cordon ombilical du passé, l'identification (nocive) de loyauté familiale invisible lorsqu'on vit en se centrant sur soi, bien des choses commencent à changer de façon surprenante, en lui, dans sa vie, dans sa « chimie intérieure ». Norman Cousins nommait cela la biologie de l'espoir.

C'est là qu'une bonne et efficace psychothérapie délivrante – donnant l'envie de vivre –, autorisante, peut être utile. Je ne dis pas et ne pense pas que seuls les égoïstes guérissent ! Mais il y a des limites aux droits d'autrui sur soi, une limite entre soi et autrui.

Comme disait si bien une malade du psychanalyste existentiel Rollo May : « Puisque je vis, j'ai le droit de vivre. »

Lorsque le patient, de par son évolution personnelle avec l'aide d'une psychothérapie, devient une personne, une personne à part entière, et s'autorise ou s'accorde les petits et grands plaisirs de la vie, s'accorde le droit au temps et à l'espace, à ses désirs et à sa créativité, à lâcher ses rôles néfastes et son identification, sa loyauté invisible familiale – met de côté sa culpabilité et cesse de « payer pour vivre » –, on voit souvent des améliorations spectaculaires.

S'autoriser à se faire plaisir, devenir soi, « s'éclater » dans la joie et le bonheur, est une nourriture du corps et de l'âme.

Ce plaisir de vivre et d'être, de plénitude, cela peut être le bonheur de petites choses, comme la joie de vivre, de respirer, de voir le ciel bleu, d'exister, simplement, d'être reconnu(e), d'aimer et d'être aimé(e)...

Tout se passe comme si c'était une nourriture de l'âme et du corps, une nourriture affective transformante, la « biologie de l'espoir » transformant réellement la biologie du corps, son immunologie, ses réactions, et permettant ainsi de retrouver un meilleur fonctionnement bio-psycho-corporel, donc une meilleure santé, et parfois la vraie bonne santé – et la vie.

On voit alors souvent que s'arrête le cancer répétitif en cascade et en ressac.

Prendre ce chemin ne se fait pas sans peine.

Mais souvent, après un « lâcher-prise », un recadrage, des portes s'ouvrent, les choses se font comme « par la chance d'un hasard heureux », ou « serendipité », merveilleux terme qui décrit la chance des trois princes de Serendip, qui trouvaient toujours, comme par hasard, et sans le chercher, tout ce dont ils avaient envie et besoin.

Certaines personnes n'osent pas prendre de place, respirent à peine et s'assoient dans la vie comme sur un strapontin...

CHAPITRE V

Le souvenir d'un traumatisme qu'on n'a pas vécu

Les ouvrages princeps sur l'angoisse, en dehors de ceux de Kierkegaard, Kafka, Goldstein et Freud, sont *L'Angoisse* de Juliette Boutonier (sa thèse de doctorat, écrite en 1943 et soutenue en 1945) et *The Meaning of Anxiety* de Rollo May (publié en 1950). Ces deux auteurs, dont j'ai eu l'honneur et le plaisir d'être l'élève et de compter parmi les amis, ont lutté, l'un et l'autre, contre une maladie gravissime en leur temps, le cancer et la tuberculose, qu'ils ont surmontée après avoir ressenti au plus profond de leur être et traversé l'angoisse, et le traumatisme de se savoir atteint d'une maladie à risque mortel, avec peu de chances de « s'en sortir ». Et qui ont ensuite vécu pleinement, exercé la psychanalyse, enseigné à l'université et écrit jusqu'à plus de quatre-vingts ans.

Ils nous montrent ce qu'est l'angoisse, le traumatisme de la confrontation journalière avec la mort, comment on peut vivre après une perte vitale, comment vivre au jour le jour le bonheur de se découvrir vivant le matin au réveil, même avec l'épée de Damoclès au-dessus de sa tête. Ils racontent comment on retrouve de nouvelles forces de vie, de ressourcement, de plaisir à être, comment peut se faire et se vivre le sursaut de survie, et comment se déclenche le « ressort invisible » (G. N. Fischer) après avoir vécu sa propre finitude, et la confrontation avec la mort probable, proche ou imminente.

Forte de leur expérience et de constatations cliniques récentes, je voudrais aborder un nouveau problème, celui de la transmission transgénérationnelle d'angoisse réellement vécue par un membre de la famille il y a trente, cinquante, cent, cent vingt-cinq ans, à un descendant. Étudions le vécu d'événements traumatiques indicibles auxquels on n'a pas été exposé personnellement, mais qui ont été vécus par des membres de votre famille des générations précédentes – qui y ont, ou pas, survécu.

Freud et Groddeck, Nicolas Abraham avec María Török, Ivan Boszormenyi-Nagy, Françoise Dolto, et leurs élèves, ainsi qu'éventuellement des élèves de Jung (dont Ira Progoff), nous serviront de guide, ainsi que mon expérience clinique du transgénérationnel, depuis des décennies.

Angoisse et cauchemars

Françoise mène une vie professionnelle active et travaille dans la relation d'aide à autrui (en l'occurrence, elle s'occupe de jeunes enfants et d'enfants en difficulté). Elle a une trentaine d'années. À l'âge de vingt-quatre ans (âge auquel elle croit que sa grand-mère, résistante, a été déportée), elle fait une crise gravissime d'anorexie et « tombe » au faible poids qu'avait sa grand-mère en déportation pendant la guerre (celle-ci est revenue de Buchenwald en 1945).

Françoise fait une psychothérapie en province, reprend du poids et du « poil de la bête », et une vie normale. Elle s'aperçoit alors qu'elle a fait cet épisode à l'âge auquel elle croyait que sa grand-mère avait été déportée et non pas à son véritable âge. En fait, sa grand-mère n'a pas été déportée à vingt-quatre ans, mais son inconscient familial, lui, le croyait.

Françoise ne parle pas du tout de cela avec sa grand-mère. Elle vit ensuite une vie normale, ou quasi normale, au point de vue personnel, professionnel et affectif.

Elle vient me voir quelques années plus tard, car elle a des craintes (angoisses) professionnelles : qu'il n'arrive un accident aux enfants dont elle a la charge. Au printemps 1994, alors que la presse parle tant du débarquement en Normandie (6 juin 1944), de la « libération des camps de concentration », peu avant les célébrations, Françoise fait d'atroces cauchemars : elle se réveille, trempée de sueurs froides, se vivant, se voyant internée en camp de concentration, dans les baraquements, avec des morts et des mourants autour d'elle. Elle le vit « comme si elle y était » (en 1943, en 1944) : la vue, l'odeur, les cris, les chuchotements, les hurlements, le froid, la faim, la promiscuité, et même la « culpabilité du survivant » – sauf qu'elle ne l'a jamais vécu, ni elle-même, ni sa mère – et sa grand-mère n'en a jamais parlé depuis son retour.

On pourrait parler d'identification inconsciente, de loyauté invisible (Boszormenyi-Nagy) familiale, d'introjection (Freud, Ferenczi, Dumas), d'« engramme psychologique-psychosomatique de l'angoisse et du mal subi » (Ancelin Schützenberger), de « co-soi » (Ada Abraham), de « personnalité intruse » (Pierre Weil)...

Le phénomène est si fort, et si généralisé, les cauchemars si vivides, décrits entre autres par ceux qui travaillent avec les familles de gens massacrés au cours de l'Holocauste, (J. Kestemberg, N. Zajde), qu'il faudrait essayer de comprendre comment se fait cette transmission et pourquoi elle se réveille chez certains, à certains moments.

Les thérapeutes juifs travaillent sur les survivants des camps de concentration, leurs descendants, les descendants et collatéraux des familles déportées et massacrées, et tentent de porter remède à leur vécu traumatique et à leur angoisse, par une liaison et un ressourcement avec la tradition juive, en Israël comme en France (Nathalie Zajde, *Souffle sur tous ces morts et qu'ils revivent*).

Françoise est d'une famille française catholique depuis toujours – et ses cauchemars sont pourtant les mêmes que ceux décrits par Judith Kestemberg en 1983 et par Nathalie Zajde en 1993.

Nous avons essayé avec elle groupe-analyse et psychodrame, parlé l'horreur, mis des mots, des pleurs et des cris sur l'indicible et le secret (bien qu'elle ait toujours su que sa grand-mère avait été déportée et en était revenue), « joué » en psychodrame les camps de concentration et la rencontre avec sa grand-mère (décédée récemment), et « joué » que sa grand-mère la libère de tout cela.

Elle poursuit sa psychothérapie, va nettement mieux, a repris des études dans une autre ville, mais ce n'est ni terminé ni complètement métabolisé et les « anniversaires » sont difficiles à vivre.

Le problème n'est donc pas seulement des traumatismes chez les descendants des victimes de l'Holocauste, mais, beaucoup plus largement, des traumatismes de guerre et de massacres, des traumatismes après l'horreur indicible, après une angoisse tellement forte, qu'elle s'inscrit quelque part dans la psyché et se transmet aux descendants, à certains descendants – sous forme de cauchemars, d'angoisse et de maladies du carrefour bucco-pharyngé (le resserrement de la gorge étant signe d'angoisse), voire de crise de panique angoissée paralysante.

Ces cauchemars et cette angoisse, je les ai rencontrés à la fois chez les descendants de déportés (revenus de déportation), chez des collatéraux de résistants non revenus des camps de concentration, chez les descendants gazés de Verdun (guerre 1914-1918) revenus vivants mais malades, « toussant et crachant », chez les petits-enfants de quasi-noyés de Gallipoli (Dardanelles, 25 avril 1915), et de même chez des descendants de ceux qui ont assisté à la bataille de Sedan et au « massacre » de Flouing (1870).

Nous avons trouvé aussi parfois des traces psychosomatiques chez des descendants de naufragés (noyés) du siècle dernier, par exemple – ou de gens torturés (supplice de la « baignoire ») – et travaillé avec eux le traumatisme de l'événement mortel ancien (familial), ou quasi mortel, et leur maladie (actuelle), jusqu'à disparition de celle-ci – mais cela est une autre histoire.

Difficultés respiratoires

Depuis peu, j'ai été amenée à voir de très nombreuses personnes ayant divers problèmes ou maladies du carrefour bucco-pharyngé (angines et bronchites à répétition, maladie bleue, asthme). J'ai fait avec elles un génosociogramme, avec les événements de vie marquants (événements familiaux, traumatismes, séparations, angoisses vitales), et nous avons ensemble recherché l'étiologie familiale. J'ai maintenant l'oreille aiguisée et formée à entendre les difficultés et changements respiratoires, à réellement écouter « avec la troisième oreille », et rechercher ce que j'appelle l'héritage infernal des gazés de Verdun (Ypres, 22 avril 1915), et j'ai trouvé presque à chaque fois un grand-père ou un arrière-grand-père « toussant et crachant » en revenant de Verdun, avec un traumatisme familial chez ses jeunes enfants (les parents ou grands-parents des gens que je vois) – et ce, sur deux ou trois générations (traumatisme familial lié aux tranchées et gaz de Verdun de 1915, ou autres drames d'étouffement du grand-père ou arrière-grand-père) – et qui, une fois mis au jour, s'accompagne souvent d'une diminution ou d'une disparition des signes cliniques de maladie et de difficultés respiratoires.

Rappelons au passage qu'Alexandre Lowen rattachait déjà l'asthme à un traumatisme non surmonté et à un deuil non fait, que Françoise Dolto se centrait beaucoup sur le carrefour bucco-pharyngé, fondamental pour le petit enfant au sein, et le petit raclement de gorge significatif de ces rapports archaïques avec la mère. Moreno parle de co-inconscient familial et groupal, Nicolas Abraham d'unité duelle mère-enfant, Ada Abraham de co-soi... et Freud d'« enfants comme des revenants ».

Marie-Jeanne est une dame bien insérée dans la vie active : elle est infirmière cadre, mariée, enseignant dans une école de soins infirmiers et faisant de la formation. Elle a une quarantaine d'années et mène une vie satisfaisante. Elle a fort bien surmonté un traumatisme d'enfance : un accident de voiture avec son père, à la sortie de la guerre, accident dans lequel elle a perdu un œil (cela ne se remarque pas actuellement).

Au moment des cérémonies du cinquantenaire du débarquement de juin 1944, elle ressent à nouveau quelques douleurs dans son orbite blessée. Je lui propose d'explorer ce problème en psychodrame de groupe et de « jouer » son opération (énucléation). Le psychodrame se passe normalement : elle a cinq ans, le « chirurgien » la prépare à l'opération, un « assistant » la maintient, et on « l'opère » (avec un crayon symbolique)... Soudain, elle proteste : « La lumière, la lumière », on la rassure : « C'est la grosse lampe de la salle d'opération... », et puis, la voix change, devient grave, et elle proteste : « Je ne parlerai pas, non, je ne parlerai pas » – d'une voix grave, quasiment une voix d'homme.

Je lui demande : « Qui est autour de vous ? » et elle répond : « Des hommes en noir – Qui ? – La police. » J'essaye de deviner : « C'est la guerre ? – Oui, la Gestapo. » Puis : « Je ne parlerai pas » et « Gloup » (un son étrange, étranglé, s'étranglant). Je demande : « Vous vous noyez ? – Oui. » J'essaye de deviner le contexte. « Et c'est quoi ? En mer ? – Non. – La baignoire ? Le supplice de la baignoire ? – Oui. » Puis : « Je ne parlerai pas. » Ensuite, la voix change et redevient une voix d'enfant, de petite fille apeurée. Et ces changements de voix et de contexte se répétaient.

En fin de psychodrame, je lui demande : « Votre père, pendant la guerre, il s'est passé quelque chose ? – Oui, il faisait de la résistance, il a été arrêté, mis en prison, torturé, envoyé en Allemagne en déportation. À son retour, je ne le reconnais plus, mais je suis allée quand même en voiture avec lui quand il a recommencé à conduire, et c'est là qu'il a eu l'accident, et que j'ai perdu mon œil. »

À la fin de la séance, elle allait bien, et la douleur du fond de l'œil avait disparu. Mais son « gloup » de quasi-noyé(e) et son changement de voix, nous ne sommes pas près de l'oublier.

Tout se passait comme s'il y avait eu un tel traumatisme de cette torture et de la quasi-noyade, que « quelque chose » en était passé de père en fille (peut-être par l'ensemble de l'angoisse de sa mère) et qu'il y aurait eu comme un « point de capiton » réunissant dans l'inconscient la forte lumière de l'opération d'elle enfant avec la lampe de torture de son père, et une sorte d'arrêt respiratoire et d'angoisse de début de l'anesthésie opératoire avec l'angoisse de la « baignoire » de son père, événement qu'elle n'avait pas vécu ni même vu, de par une unité duelle père-enfant ? – un co-inconscient familial ?

Quoi qu'il en soit, c'est sa gorge qui fait « gloup », face à une lumière symbolique-psychodramatique, comme s'il y avait eu un revécu de deux temps différents, de deux événements traumatisants, l'un rappelant l'autre.

Nous avons l'habitude, en psychodrame, de revécus angoissants préverbaux, de revécus de la naissance, de revécus opératoires (opérations sous anesthésie – le corps a bonne mémoire). Mais un « revécu transgénérationnel »...

Mais nous commençons seulement à voir et reconnaître des revécus transgénérationnels d'événements de vie traumatisants que le sujet n'a pas vécus personnellement (mais qui ont été vécus par sa famille). Peut-être commençons-nous seulement à accepter de nouveau la première topique de Freud, sur les traumatismes réels de l'enfance, et à écouter et entendre ces souffrances, à partir de revécus psycho-corporels, comme le respir – à en porter témoignage (dans des congrès et des publications) et à en parler entre collègues.

Ce fut une séance à la fois spectaculaire, cathartique et délivrante.

Autre cas, celui de Brigitte, qui a des difficultés pour avoir un enfant ; elle est enceinte de cinq mois, un an après une fausse couche (spontanée), à la mi-juin. Nous travaillons sur sa famille, sur son arbre généalogique, sur son « génosociogramme ».

On constate que sa mère a eu un accouchement difficile. Elle-même est née avec le cordon ombilical autour du cou ; elle a souvent des angines et porte des cols montants et des foulards. Son frère a eu toute une série de maladies d'enfants, dont il a failli mourir, avec des symptômes de « faux croup », étouffements nocturnes et arrêt de l'inspir, ayant nécessité de fréquentes interventions de nuit de SOS Médecins avec l'hospitalisation. Sa petite sœur a eu des signes de « maladie bleue », avec étouffements nocturnes dus à la diphtérie (avec aussi arrêt à l'inspir).

Lorsqu'on « remonte » l'arbre généalogique, la (sa) mère a été traumatisée à douze ans par la mort subite de sa mère (la grand-mère), pour insuffisance respiratoire inattendue (arrêt de l'inspir), le 27 juin. C'est aussi un 27 juin qu'elle a fait sa fausse couche, quelques années plus tard (« symptôme de syndrome d'anniversaire » ?). En « remontant » plus haut, l'arrière-grand-père, « souvent malade, toussant et crachant », est mort dans les années 1925-1930 après avoir été gazé pendant la Grande Guerre.

Une fois ce traumatisme familial inacceptable exprimé, pleuré, parlé, Brigitte a eu une grossesse et un accouchement normaux et heureux... Et depuis, elle n'a plus eu de bronchites – et ne met plus de pull-over à col roulé ni de foulards.

Notons que les gaz de combat, organo-phosphorés, viennent bloquer les synapses des muscles respiratoires avec les mêmes symptômes chez les gazés, dans le croup, le faux croup et la diphtérie, et aussi parfois pour l'asthme.

Il est étonnant de rencontrer les mêmes phénomènes de constriction de la gorge et des voies respiratoires sur plusieurs générations.

Nous l'avons vu aussi chez plusieurs autres personnes dont les enfants ont de l'asthme, diverses difficultés respiratoires, souvent une écharpe autour du cou, alors qu'ils ont vu leur grand-père « toussant et crachant » après avoir été gazé à Verdun, ou quasi noyé à Gallipoli en 1915.

Ces difficultés respiratoires sont pour nous un signe de « loyauté familiale inconsciente » et un symptôme de syndrome d'anniversaire négatif » que nous avons rencontré chez plusieurs « enfants de remplacement » de la même famille.

Depuis que nous avons récemment mis en évidence les rapports entre difficultés respiratoires et traumatismes de guerre, nous les avons rencontrés des dizaines de fois chez les descendants de gazés de Verdun, dont les symptômes se sont améliorés ou ont disparu après ce travail.

Vivre la vie d'un autre

Troisième cas, celui de Germaine, qui ne comprend pas pourquoi elle a tout abandonné, famille et travail (en cette période de chômage des jeunes), pour venir dans le Midi suivre un « copain », qu'elle n'épouse d'ailleurs pas – ni pourquoi elle est si mal dans sa peau, si souvent malade, si incapable de faire le moindre effort pour retrouver une situation professionnelle, une maison, des amis, une vie riche et normale, alors qu'autrefois elle était dynamique et active.

Nous établissons avec elle son arbre généalogique et son génosociogramme. Directement, il n'y a rien à remarquer, mais indirectement... sa grand-mère et marraine est encore un peu en deuil d'un jeune fils, Guillaume, mort en Allemagne ou Pologne pendant la guerre, déporté par hasard en septembre 1944. Il était « allé aux champignons » dans les Vosges (Alsace-Lorraine occupée par les Allemands). Il est pris dans une rafle et interrogé. Mais, ayant été, dans sa petite enfance, opéré de la verge, le jeune garçon n'a pas pu démontrer aux nazis qu'il n'était ni juif ni résistant. Il a été déporté et en est mort, au loin.

Sa mère, un peu « près de ses sous » (dit Germaine), s'est culpabilisée de l'avoir envoyé aux provisions et d'avoir ainsi provoqué sa perte.

D'une certaine façon, quasi au même âge que Guillaume, Germaine s'est arrêtée de vivre sa vie en Alsace-Lorraine et est venue s'installer à l'endroit où Guillaume avait eu l'intention de venir faire sa vie d'adulte.

Lorsque Germaine a pris conscience qu'elle remplaçait, en quelque sorte, en 1994, son petit-cousin Guillaume, mort « injustement » en 1944, et qu'elle vivait ses choix à lui, elle a retrouvé envie de vivre, dynamisme, bonne santé, et ses choix à elle, enfin (et elle a « mis en train » son enfant).

Barbara et son prénom « barbare »

Barbara, quant à elle, dont j'ai déjà parlé ailleurs, s'est toujours demandé pourquoi elle s'appelait ainsi, d'un prénom « barbare », qui n'était pas un prénom de famille, qui détonnait dans son école normande. Et puis, un été, elle s'est rendu compte qu'en août, elle avait des cauchemars à répétition pendant tout le mois d'août jusque début septembre et des insomnies.

Nous avons travaillé avec elle son arbre généalogique et son génosociogramme, ce qui nous a conduits vers une lointaine famille dans les Ardennes, qu'elle a retrouvée *via* le Minitel et contactée. En rendant visite à une « cousine à la mode de Bretagne », elle s'est trouvée projetée dans les souvenirs vivants de la guerre de 1870 et du massacre de Sedan » (1er-2 septembre 1870) à la fin de la guerre avec l'Allemagne. Elle a été emmenée à l'ossuaire de Flouing et a beaucoup parlé avec sa famille lointaine de ce qui s'était passé il y a 125 ans : après cela, les cauchemars ont disparu. Son arrière-grand-père avait assisté, enfant, à la terrible bataille de Sedan (25 000 morts et blessés, 83 000 prisonniers, sans parler de la population civile et des chevaux éventrés) – un massacre.

Le deuil familial fait, et les choses parlées, le sommeil normal et réparateur est immédiatement revenu ; mais une certaine angoisse a subsisté.

Barbara a continué à chercher pourquoi l'angoisse et les cauchemars ont commencé début août. Elle a retrouvé la date du premier cauchemar : le 4 août. La « nuit du 4 août » (1789), nuit de « l'abolition des privilèges », pendant la Révolution française, cela ne lui disait rien et ne changeait rien à ses insomnies. Mais elle a appris dans les Ardennes que Mac-Mahon avait perdu la bataille de Wissembourg le 4 août 1870, et que plusieurs membres de sa famille à elle y avaient participé ; et aussi qu'il existe en Allemagne une fête qui s'appelle : Sedantag (le jour de Sedan).

Nous avons repris avec elle les dates historiques franco-allemandes d'août depuis plus de cent ans.

Défaites françaises : le 4 août 1870 à Wissembourg, puis les 1er et 2 septembre à Sedan.

Le 1er septembre 1939, l'Allemagne envahit la Pologne, et le 3, en retour, c'est la déclaration de guerre franco-britanique. En mai 1940, les Allemands contournent la ligne Maginot et envahissent la France par la « percée de Sedan » : la France perd la guerre pour avoir oublié Sedan.

Mais on pourrait dire que Sedan a laissé bonne mémoire aux vainqueurs !

Dans ses cauchemars d'août, Barbara voit des hommes casqués dévaler des collines, des hommes gris avec un petit quelque chose qui pointe. Je cherche à visualiser avec elle ses cauchemars et je dis : « Les Prussiens ? » Elle pousse un cri : « Oh oui ! des Uhlans, avec leurs casques à pointes ! »

Le deuil parlé, les événements historiques reconstitués, la vie quasi normale a repris, mais Barbara cherche toujours à comprendre et à revisiter le passé de sa famille.

Quand on lui demandait : « Pourquoi avez-vous en Normandie une maison au bord de la mer ? » elle répondait : « Si les Prussiens arrivent, je m'en irai dans une barque à la rame vers l'Angleterre. »

Je lui fais remarquer que la guerre est finie, que les Prussiens de 1870 ne sont pas près de lui courir après et qu'elle n'a pas de raison de continuer à vivre la frayeur cauchemardesque de son arrière-grand-père assistant à six ans, la main dans la main de son grand-père maternel, au massacre de Sedan.

Les Prussiens attaquèrent à Sedan l'armée de secours de Napoléon III, 240 000 hommes et 500 canons prussiens prirent sous leur feu l'interminable et confuse colonne française de 110 000 soldats. Mac-Mahon fut blessé. Les Prussiens perchés sur les hauteurs tiraient au canon sur les cuirassiers et fantassins français descendant des collines à cheval dans la cuvette de Sedan, fauchés rangée après rangée, chevaux et êtres humains emmêlés, comblant la dénivellation – les nouvelles vagues de soldats passant par-dessus morts et blessés. L'empereur Napoléon III ne pouvant plus supporter ce massacre, et de voir son armée transformée en « viande de boucherie », s'est rendu aux Prussiens sans condition le lendemain, le 2 septembre 1870.

On peut imaginer le bruit assourdissant, les hurlements des hommes blessés et des chevaux mourants, l'odeur, l'atmosphère de panique... et le choc subi par le petit garçon de six ans et demi caché sous un arbre avec son grand-père, la peur et l'angoisse qu'il a eues, les cauchemars qu'il a dû faire.

On sait qu'il en a parlé à son fils (le grand-père de Barbara) et qu'il a quitté les Ardennes ensuite pour s'installer très loin.

Représentons-nous aussi l'angoisse de cet enfant, lors de ce traumatisme insoutenable, qu'il n'a pas pu exprimer sur le coup, du fait du danger.

On peut rapprocher cette angoisse de celle exprimée par le célèbre tableau de Munch, *Le Cri* (1893), dans lequel le peintre décrit son angoisse et son chagrin de la perte de sa mère, morte jeune de maladie, privations, dénuement. Munch n'a pu le peindre que quelques années après le traumatisme de sa perte.

Nous avons joué la bataille de Sedan en psychodrame, la visite avec sa cousine au monument aux morts et à l'ossuaire de Flouing, Barbara tenant le rôle de son arrière-grand-père, la main dans la main de son grand-père – jusqu'à ce qu'elle exprime toute l'angoisse refoulée. Elle pourra revivre et parler, pleurer, faire son deuil de ce qui s'est passé il y a 125 ans, et enfin s'en débarrasser et en guérir.

Barbara était peut-être un enfant de remplacement d'un lointain cousin « massacré par les barbares » ou bien elle était devenue le mémorial encastré, incorporé, la « crypte » de l'angoisse de mort indicible, vécue par son arrière-grand-père, alors âgé de six ans, face « aux barbares ».

À propos de ces cauchemars, et de cette angoisse, on pourrait reprendre l'hypothèse de Freud développée par Françoise Dolto et certains de ses élèves, tel Didier Dumas, sur la hantise d'un traumatisme passé.

Nous avons vu des traces actuelles de ces traumatismes passés familiaux, liés à des traumatismes de guerre « inhumains » (22 avril 1915, et 1916, Verdun : les gaz, les tranchées, les blessures atroces, la boue, la gadoue, « la bouche pleine de terre »), au génocide des Arméniens (25 avril 1915), après certains massacres, génocides, viols planifiés de guerre, pogroms ou autres « injustices ».

Nous avons constaté que la parole dite, écoutée et entendue libère, en analyse de groupe, psychothérapie de groupe et psychodrame – et aussi certainement dans d'autres thérapies – probablement parce que la thérapie est un contenant psychique (*holding*, Bion, Beck, Winnicott), et une forme de réparation symbolique – une guérison des souvenirs imprimés en soi –, mais il faut parfois une « demande de réparation et de justice ».

Tout se passe comme si exprimer sa souffrance (et être entendu) évite de l'imprimer en soi. Mais il faut de plus parfois que justice soit faite, ou tout au moins que la demande de justice en soit faite (l'acte posé), les faits, les torts, l'injustice reconnus (et non déniés).

Parler, pleurer, crier, hurler, et même taper d'impuissance, de rage et de haine, débloque et dégèle les structures et la mentalisation, permet de dépasser la somatisation.

Faute de n'avoir pu les exprimer ou suffisamment exprimer l'indicible souffrance, à l'époque, on retrouve trace de ces traumatismes plus de cinquante ans après, voire plus d'un siècle après : ce traumatisme inhumain, inexprimable, indicible, et cette angoisse indicible se trouvent comme incorporés, imprimés dans le corps et exprimés indirectement autrement, dans et par la descendance.

Les paniques de Martine

Dernier exemple, celui de Martine. Elle a des accès de panique et d'angoisse répétés qui lui gâchent la vie personnelle et professionnelle, et ce, depuis une dizaine d'années, depuis une opération et une anesthésie, vécue comme angoissante, irrespirable, horrible. Dix ans de psychanalyse lui permettent de sortir, parfois travailler et mener une vie normale – malgré ses accès phobiques.

Elle veut participer à un stage de lutte contre la maladie, d'aide au malade atteint d'un cancer, stage au cours duquel nous faisons faire des exercices personnels, consistant à se remémorer un incident de maladie, les circonstances, le contexte, et ce qui a aidé à la guérison, puis à le dessiner (les consignes sont volontairement floues).

Martine dessine son angoisse comme une enclume dans sa poitrine, dessinée comme un cœur rosé, avec des bras étendus comme surnageant avec difficulté, la tête comme hors de l'eau, sur un long cou, le tout derrière des barreaux à travers lesquels une main se tend vers elle, essayant de la saisir. Ce dessin me parle, et, utilisant mon expérience clinique, je lui demande si elle a eu un grand-père gazé à Verdun ou quasi noyé à Gallipoli (25 avril 1915). Elle ne sait pas. Elle se renseigne. « Pépé » (quatre-vingt-onze ans) a été dans la marine aux Dardanelles. Tout cela l'intéresse intellectuellement, mais rien ne se passe dans la journée de travail de groupe.

Le lendemain, elle ne vient pas et – contrairement à mon habitude – je lui laisse un message sur son répondeur, lui demandant de venir ou de rappeler.

Le surlendemain matin, elle est là et nous dit qu'elle a eu un accès de panique, a fini par sortir du lit et se traîner au stage, n'a pas pu franchir la porte du stage, est restée une heure assise sur l'escalier, puis s'est traînée de force se recoucher chez elle. Elle le raconte mais elle va bien. À la pause du déjeuner, elle me demande de jeter un coup d'œil sur le texte, encore inachevé, que je suis en train d'écrire sur l'angoisse et je le lui montre. Elle commence à le parcourir et a un accès de panique en lisant le passage sur les gaz de Verdun et les morts de Gallipoli. Elle étouffe : je m'approche, lui prends la main et lui dis : « La guerre est finie, il n'y a pas de gaz ici, ni d'eau qui monte à la gorge. »

Elle respire, se calme, les couleurs reviennent, elle est comme ailleurs mais bien. Peu après, elle nous dit que ça a été extraordinaire ce moment et qu'elle se sent renaître et enfin « bien dans sa peau ». Elle le confirme par téléphone et fax deux jours après, et apporte un texte écrit après une de ses crises : « C'est affreux mais ce n'est pas moi. C'est comme un corset de fer qui m'empêche de respirer. Comme si j'allais mourir. Mais c'est à un autre, ça ne m'appartient pas. Je voudrais qu'on me libère. »

Et ce cadrage psychique, cette hypothèse transgénérationnelle l'en a libérée.

Je me suis souvent posé la question du comment – comment ces affects transitent si vivants d'une génération à l'autre ; et aussi celle du pourquoi. Et je me suis « donné » des éléments de réflexion. Les survivants ont un sursaut de vie et ont trouvé des ressources inconnues. Mais leur souffrance est restée vivace. Il n'y a pas eu clôture de cette Gestalt, une tâche inachevée, et, vu l'effet Zeigarnik, la force dynamique de l'affect continue.

Le corps est comme un lieu de mémoire, de dette familiale et de « loyauté invisible », et ce travail transgénérationnel d'affleurement du traumatisme d'un autre et de la reconnaissance des faits a permis d'exprimer le stress indicible, l'injustice, d'être entendu, compris, donc indirectement « d'effacer l'ardoise » et de « tourner la page » pour aller de l'avant et cesser de payer les dettes de ses ancêtres, de réclamer vengeance pour eux ou de souffrir de leur souffrance.

Faire le deuil du passé est fondamental pour qui veut vivre sa propre vie.

Françoise Dolto disait ainsi que la thérapie permet un allant-devenant.

« Je est un autre », disait Rimbaud, souffrant et mourant, sans pouvoir trouver à être entendu.

« Je est d'autres, écrit en 1947, dans *La Corde raide*, le romancier Claude Simon. D'autres choses, d'autres odeurs, d'autres sons, d'autres personnes, d'autres lieux, d'autres temps... »

CHAPITRE VI

Sortir de l'horreur, respirer de nouveau

La vie n'est pas un long fleuve tranquille, et le drame et son cortège d'horreurs la bouleversent souvent.

Ces horreurs peuvent être générales ou particulières, affecter une nation, une région, une communauté, ou être simplement un petit événement mal vécu par un enfant.

Elles nous viennent parfois de la guerre avec ses massacres, ses atrocités, ses assassinats, ses meurtres, ses viols, ses pillages, ses incendies... et ses haines qui peuvent durer des siècles. La France, par exemple, ne s'est pas encore remise des abus de la Révolution et de la guillotine, ni de la Grande Terreur de 1793.

Notre pays ne s'est pas remis non plus des pertes des campagnes napoléoniennes et de Waterloo, ni de la saignée de la Grande Guerre, ni de l'Occupation, sans parler de la guerre d'Algérie...

Il en est resté un goût amer, une haine et un désir de revanche dans beaucoup de familles.

Moi qui suis née après la guerre, en 1919, et qui ai été élevée à Paris, on m'a quand même appris : « On nous rendra l'Alsace et la Lorraine », alors que c'était déjà fait, et on m'a raconté des histoires vraies ou fausses de petits garçons belges à qui l'ennemi héréditaire avait coupé la main droite pour qu'ils ne puissent plus tirer sur eux. À mon insu, j'en ai été marquée.

Mais il n'y a pas que la guerre ; d'autres horreurs ou drames sont vécus comme insurmontables : la mort d'un enfant, d'un conjoint, ou même une rupture amoureuse, le suicide d'un parent, le viol, voire l'incendie de tous ses biens.

Ces drames cauchemardesques sont si mal vécus par certains qu'ils n'arrivent pas à en faire le deuil.

Les abus proviennent souvent malheureusement aussi de la famille, de l'entourage, ou de l'environnement, comme les abus sexuels et l'inceste, ou tout simplement les abus de force. Chaque année, aujourd'hui encore, au XXIe siècle, des femmes et des enfants battus meurent en France.

Il y a des familles toxiques et gravement nocives.

Je voudrais rappeler que, quoi qu'on y fasse, et même si certains lui attribuent des variations d'intensité, l'horreur existe.

Les crimes contre l'humanité sont imprescriptibles, c'est un fait moral et juridique.

C'est aussi un fait que tout acte a des conséquences qui en dérivent, que nous le voulions ou non, que nous le sachions ou non, que nous l'ayons envisagé ou non, que nous ayons pu le prévoir ou non : c'est ce que l'on appelle le karma (qui n'a aucune connotation morale).

Rappelons le célèbre effet papillon (on pourrait dire qu'un battement d'ailes d'un papillon dans une partie du monde pourrait déclencher une tempête dans une autre partie de l'univers).

Les faits ont des conséquences inéluctables ; aucun regret ou remords individuel, personnel ou collectif ne pourra changer leur déroulement.

Rappelons l'importance de demandes historiques collectives récentes, pour des actes dramatiques d'il y a plusieurs siècles. Par exemple, le maire de la ville de Salem est allé au cimetière demander pardon aux « sorcières de Salem » qui ont été brûlées il y a plusieurs siècles. Autre exemple : il y a quelques années, le roi d'Espagne, Juan Carlos, s'est rendu à Jérusalem demander pardon au Juifs et aux Arabes persécutés ou expulsés d'Espagne de façon brutale et dramatique pendant le règne d'Isabelle la Catholique ou brûlés par l'Inquisition ; les derniers, dont Christophe Colomb, sont partis en 1492.

Rappelons aussi, en suivant Lytta Basset, que le travail du pardon est difficile et rare, et qu'il nécessite souvent un travail sur soi avec une aide professionnelle.

Mais, comme disait Kipling, ceci est une autre histoire...

Je voudrais rappeler une petite histoire personnelle qui m'a marquée à vie : j'ai été abandonnée... pendant cinq longues minutes. Je me rappelle l'angoisse de voir le train dans lequel je me trouvais à l'étranger, vers trois ou quatre ans, avec ma toute petite sœur, s'éloigner du quai sur lequel ma mère courait désespérément avec des croissants pour notre petit déjeuner. Drame. D'autant plus difficile que je ne comprenais pas la langue parlée. Angoisse terrible. Et respiration coupée. Puis le train ralentit, siffla, fit marche arrière et revint se ranger de l'autre côté du même quai, et ma mère fut bientôt près de nous avec les croissants et chocolats du petit déjeuner.

Eh bien, j'ai beau avoir quatre-vingt-dix ans, être professeur d'université, avoir plusieurs doctorats, avoir été psychanalysée, être moi-même psychanalyste et psychodramatiste, je suis toujours marquée par le traumatisme de l'abandon et cet abandon, même s'il n'a duré que quelques minutes, est à tel point un non-événement, en l'occurrence une manœuvre de gare, que ma mère et ma famille n'en ont jamais parlé.

Même si j'ai vécu la guerre, l'Occupation, les angoisses de la Résistance, ma maison brûlée par les nazis le 6 juin 1944, sans compter les drames qu'a été la mort de ma petite sœur adolescente d'une maladie inconnue à l'époque, de mon père tué à la guerre, l'expérience de cet « abandon » m'a comme à jamais marquée au fer rouge.

Il est évident que par rapport aux traumatismes subis pendant diverses guerres par des millions d'enfants, cela peut sembler ridicule. Mais pour moi, c'est toujours vivant et je panique à tout retard malgré tout ce que j'ai fait pour m'en guérir.

« On ne sait pas toujours à quel point les enfants / Gardent de leurs blessures le souvenir longtemps », chante Yves Duteil dans *Blessures d'enfance*.

Que faire alors ? Souffrir en silence en ressassant son chagrin et remâchant sa rancune n'est pas une solution, car on en paye chaque jour le prix par sa propre tristesse, ses regrets ou ses remords et le désir maladif de réparation ou d'excuse que l'on peut attendre en vain toute sa vie.

La solution pour la victime, c'est d'arriver à cesser de se ronger et de se faire du mal en pardonnant.

Lytta Basset, ancienne pasteure de l'Église réformée à Genève et aujourd'hui professeure de théologie pratique à la faculté de théologie de l'université de Neuchâtel, a traité du pardon dans ses livres *Le Pou-*

voir de pardonner et *Au-delà du pardon, savoir tourner la page.*

Mon expérience clinique et sociologique m'a appris qu'il est rare que l'on pardonne réellement.

Dans le « Notre Père », on prie : « Pardonnez-nous nos offenses *comme* nous pardonnons à ceux qui nous ont offensés. » Or, les crimes abominables, incestes et viols ne sont pas des offenses, mais bien plus graves, et donc difficiles, voire impossibles à pardonner ; ils se transmettent souvent sur de nombreuses générations, même si l'ennemi héréditaire a parfois changé de camp dans les méandres de l'Histoire. Par exemple, la « perfide Albion » est devenue « notre courageuse alliée », mais pour de nombreuses personnes l'histoire de Jeanne d'Arc et de son bûcher est encore présente. Autre exemple, celui des hordes barbares dont parlait déjà Jules César... Sans parler de toutes les haines, rancœurs et rancunes de voisinage qui perdurent souvent depuis des siècles chez certains.

J'ai donc un peu transformé la phrase, qui devient : « Pardonner sans oublier, et ne pas faire comme si de rien n'était. »

Pardonner n'est pas oublier, mais cesser de « se ronger les sangs » sur ses propres malheurs et arriver à renoncer à la fois au désir de vengeance (destructeur pour soi) ou à exiger des excuses qui peuvent ne jamais arriver.

Dans cette acception, pardonner, c'est déposer le fardeau qui vous ronge et recommencer à respirer. Alors, on peut réapprendre à vivre – petit à petit. Personne ne vous demande d'oublier, ni de revoir ceux qui vous ont fait du mal comme si rien ne s'était passé.

Constatons que malgré tout et selon les lois du karma et des conséquences en série de toute chose, il y a souvent un coup de manivelle en retour et que la vie se charge de la punition de l'offenseur ou du criminel.

Les faits ont existé, c'est indéniable, même s'ils sont parfois autant la conséquence des circonstances que de la faute des gens. Il est important de bien distinguer le « fait » de la « faute ».

Pour s'en libérer réellement, il y a aussi en préalable de pouvoir en parler, de s'autoriser à en parler, voire de demander de l'aide professionnelle pour pouvoir être soutenu et encouragé à en pleurer, à en crier, à en parler, suffisamment pour débrider la plaie.

Les faits sont les faits, et les faits sont têtus. On ne peut pas les oublier, et on ne peut pas refaire le passé. Mais on peut réapprendre à respirer et ne pas continuer à se punir soi-même en se privant des plaisirs de la vie.

Souvenons-nous ce que Pierre Perret chantait en 1979 : « T'en fais pas, mon p'tit loup / C'est la vie, ne pleure pas / T'oublieras, mon p'tit loup / Ne pleure pas / Je t'amènerai sécher tes larmes / Au vent des quatre points cardinaux. »

J'aime la musique. Sur les « petits riens » de Mozart. La vie est faite de petites choses, de petits riens, de petits plaisirs au quotidien.

Des recherches sur le métabolisme du corps ont démontré que des émotions positives comme l'amour, le bonheur, le plaisir, modifiaient le métabolisme du corps, déclenchaient la production d'endomorphines qui fonctionnaient comme une morphine naturelle, supprimaient la douleur et procuraient de l'euphorie [1].

---

1. En effet, les neuromédiateurs et les médiateurs de l'immunité sont chargés de gérer notre équilibre physique et biologique. Ceux-ci agissent comme transmetteurs d'informations entre les organes et entre les cellules. Cet équilibre est précaire et en perpétuel mouvement, favorable ou défavorable,

Une petite histoire qui m'est arrivée en Inde m'a fait beaucoup réfléchir. Invitée à dîner par des gens charmants, je m'étais mise « sur mon trente et un », robe du soir et sac moiré. J'avais sous-estimé les changements de climat et j'ai eu envie d'éternuer et de me moucher. J'ai donc ouvert mon sac et je me suis mouchée.

Étonnement et scandale.

Quelqu'un m'a dit : « Ils sont fous ces Français ; vous mettez votre morve dans un petit mouchoir brodé, la rangez comme un objet précieux, alors que nous, on se mouche avec les doigts, on rejette la saleté et on ne l'emporte pas avec soi. »

Nous gardons probablement trop longtemps les saletés, les vieilleries, les greniers à dégager, les caves à vider – et nous gardons aussi trop longtemps nos tristesses, nos rancœurs et nos rancunes, même si le mal qu'on nous a fait était bien réel.

Il y a un temps pour tout. Après l'horreur, il y a un temps raisonnable pour le deuil, pour tourner la page et revivre.

La vie s'apprivoise de nouveau.

On peut commencer par de petites choses, par exemple retrouver le plaisir de bien manger des choses agréables, le plaisir d'écouter de la musique, celui de regarder le ciel avec ses oiseaux, et même les nuages, les merveilleux nuages...

Il y a aussi de petits trucs comme le chocolat, qui

---

pouvant améliorer nos potentialités physiques ou psychologiques, ou bien les altérer. Les cellules peuvent dégénérer et devenir cancéreuses. Notre humeur peut devenir dépressive voire même suicidaire. On conçoit l'importance de travailler sur ces neuromédiateurs par une culture (harmonieuse) des plaisirs quotidiens, pour rester soi-même en bonne santé, ainsi que ceux qui nous entourent.

est un euphorisant, les vêtements ou sous-vêtements doux à porter, doux à toucher.

« Avoir les doigts de pied en éventail » est une expression populaire qui recouvre une réalité, et l'on peut apprendre ou réapprendre à mettre ses doigts de pied en éventail dans son lit ou au soleil.

« Le ciel est par-dessus le toit,
Si bleu, si calme !
Un arbre, par-dessus le toit,
Berce sa palme. »

VERLAINE

« Heureux qui, comme Ulysse, a fait un beau voyage,
Ou comme cestuy-là qui conquit la toison,
Et puis est retourné, plein d'usage et raison,
Vivre entre ses parents le reste de son âge ! »

DU BELLAY

« Quand vous serez bien vieille, au soir, à la chandelle,
Assise auprès du feu, dévidant et filant,
Direz, chantant mes vers, en vous émerveillant :
« Ronsard me célébrait du temps que j'étais belle !
[...]
Vivez, si m'en croyez, n'attendez à demain :
Cueillez dès aujourd'hui les roses de la vie. »

RONSARD

On n'a pas toujours bon pied bon œil, mais je pourrais chanter, moi aussi, « J'ai la mémoire qui flanche... ». La vieille dame que je suis peut continuer à trouver du plaisir de vivre et même remercier le Ciel de ses maux, car si je n'avais pas les maux de mon âge, cela voudrait dire que je ne suis plus de ce monde. J'aime beaucoup vivre dans ce monde, qui est si beau.

CHAPITRE VII

L'envie et le plaisir de vivre

Pour guérir, il faut vraiment vouloir guérir

L'histoire se déroule dans un centre médical, où cent cinquante personnes, dont moi-même, sont en rééducation.

J'ai remarqué une jeune femme avec le bras en écharpe, hémiplégique, hémiplégie qu'elle rattachait à la naissance de ses enfants, des jumeaux. Elle vivait en fauteuil roulant. Elle était tombée trois semaines après son arrivée en rééducation et elle s'était démis la clavicule. Elle soupirait : « C'est dommage que je sois tombée maintenant, si cela était arrivé dans deux mois, on aurait prolongé mon séjour ici et cela m'aurait fait plaisir de rester plus longtemps. »

Par métier, j'anime et observe des groupes et j'ai développé une « mémoire d'éléphant ». Je me souviens de ce qui se passe, s'exprime et se dit.

Je n'ai donc pas oublié ce que cette jeune malade a dit. Elle a fait en deux mois d'énormes progrès, son bras commençait à aller mieux ; elle a essayé de faire quelques pas, sous surveillance. « Ne doutant de rien », elle est partie seule, un jour, « branqui, branca », en ascenseur. La porte de l'ascenseur s'est refermée sur elle comme elle passait ; elle est tombée et s'est cassé le bassin. Tout le monde était affolé, tout le monde l'a plainte. Mais moi, je me suis souvenu de ce qu'elle avait dit : « Dommage que... »

Je m'étais dit que pour guérir, il faut vraiment vouloir guérir.

Les méandres de l'inconscient sont tels que parfois les gens qui disent vouloir guérir font, sans le vouloir et sans le savoir, tout pour avoir des rechutes ou des accidents, ou pour aller un peu mieux, ne pas mourir, ne pas trop souffrir – mais ne pas guérir.

D'un côté, je plains cette jeune femme qui accumule les malheurs et, d'un autre côté, je me dis qu'elle a absolument tout fait pour prolonger son séjour en centre de rééducation, c'est-à-dire pour prolonger sa maladie, dont elle a, c'est évident, des bénéfices secondaires : les petits soins, l'attention qu'on lui porte, se faire plaindre, se faire aider, recevoir des visites et des petits cadeaux, rester plus longtemps au bord de la mer...

Elle avait dit : « Dommage que je n'aie pas cet accident dans deux mois » (souhait inconscient ? désir inconscient ?) et deux mois après elle a eu un autre accident. Robert Rosenthal, dans *Pygmalion à l'école*, parle de la « réalisation automatique des prédictions ».

Prenons un autre exemple.

Dans ce centre médical, certains malades ont su que je m'occupais du cancer et sont venus me rencontrer pour voir si je ne pouvais pas les aider. Il y a là Colette, une jeune femme absolument charmante qui a peut-être un cancer terminal (elle se dit « remplie de métastases »). Elle a le sourire apparent, une gaieté apparente ; elle passe son temps de convalescence à jouer au bridge. La semaine prochaine, elle rentre à Paris, à Curie pour une opération chirurgicale après laquelle une chimiothérapie de plusieurs mois est prévue.

Des amis me l'ont adressée pour un peu d'aide (à titre bénévole et amical) et de relaxation-visualisation ; ce n'est donc ni une prise en charge ni une psychothérapie. Colette demande de la « visualisation ». Je lui propose de lui apprendre la visualisation positive – que l'on fait en état de relaxation – en ondes alpha. Pour faire de la visualisation positive, il fallait qu'elle imagine l'action de sa chimiothérapie et qu'elle décrive les premières images qui lui venaient à l'esprit (technique analytique des « associations libres »). Ce qui lui est revenu immédiatement, c'est une caricature représentant un être avec une faux.

De nombreux tableaux représentent la Mort maniant la faux. Pour Colette, la chimiothérapie, c'était la mort immédiate ou prochaine.

Nous essayons ensemble d'aller plus loin. Par d'autres personnes, j'apprends que malgré sa gaieté apparente, elle passe une partie de ses nuits à pleurer. De cela, elle ne me parle pas. Elle est extrêmement angoissée, mais elle ne veut rien m'en dire. Je lui demande alors de parler un peu d'elle : elle a trente-huit ans, un cancer du sein, et sa grand-mère, également prénommée Colette, est morte d'un cancer du sein à trente-huit ans. C'est donc une date signifiante, un âge critique, sans parler de l'identification par le prénom donné...

Ensemble toujours, nous essayons de remplacer cette image négative de la faux (et de la mort) par une image positive. Nous cherchons à quoi peut bien ressembler l'action de la chimiothérapie. Étant comme elle une femme, je pense à des choses comme « la tornade blanche », l'eau de Javel, un aspirateur géant enlevant la poussière et la saleté, aspirant les métastases, et lui propose ces images. Mais le « ménage » ne lui « parle » pas vraiment.

Je lui dis alors : « Écoutez, on va entrer en relaxation. Avant qu'on ne débute, dites-moi ce que vous aimez dans la vie pour que je puisse utiliser vos images à vous et vos goûts. » Elle me répond : « Pour moi, le paradis, c'est quand je suis sur un bateau à voile et que je navigue en Méditerranée. » Je lui dis : « On va donc faire une relaxation autour de l'image du bateau et vous allez "voir" ce qui vous vient spontanément à l'esprit. »

Je lui propose de détendre tous ses muscles les uns après les autres, de s'installer confortablement sur un bateau à voile (en imagination, mais avec une image mentale vivide), à l'ombre de la grand-voile, de sentir le soleil sur sa peau, de suivre du regard le vol des oiseaux dans le ciel bleu, d'écouter le bruit des vagues, de « se laisser porter » par ces sensations de « lâcher-prise »... Après quatre à six minutes, j'ajoute : « Imaginez votre chimiothérapie comme un enfant pourrait l'imaginer. » Puis, je reste silencieuse pendant cinq à dix minutes. Enfin, je dis : « Et maintenant, revenez ici tout doucement, en prenant votre temps... et si vous voulez bien, on va en parler. »

Après ces vingt minutes de relaxation et de visualisation, une fois « revenue », Colette est toute fraîche et rose, les yeux gais et brillants, avec un immense sourire, vrai. Elle évoque l'image qui lui a passé par la tête : le nettoyage d'un pont qu'on brique avec de l'eau, d'un jet très puissant ; après quoi, dit-elle, « le pont est "solide comme un roc" ; pour moi, la chimio, c'est cela ».

Je sens qu'elle va partir à l'hôpital avec, enfin, une image positive de ce qu'on va lui faire au lieu d'avoir une image négative, et je pense qu'ainsi, avec un meilleur moral, elle a plus de chances d'être bien opérée et de suivre son traitement de chimiothérapie dans de meilleures conditions. La probabilité qu'elle « s'en tire » est même, de mon point de vue, plus élevée. Le fait est que j'aurai par la suite de ses nouvelles : la « chimio » se déroulait sans contre-coups ni effets négatifs, Colette utilisant d'ailleurs plusieurs fois par jour les cassettes de relaxation-visualisation que j'avais enregistrées avec elle et pour elle.

La maladie n'arrive pas par hasard

Une chose est essentielle : il faut comprendre comment survient la maladie et s'apercevoir que celle-ci n'arrive pas par hasard, l'accident ne se produit pas par hasard.

Si l'on considère la vie des gens dans son ensemble : le contexte familial, le contexte social et professionnel, voire la situation économique, les événements importants de la vie des malades, on s'aperçoit que la maladie frappe à un moment crucial, un moment clé, où souvent elle peut être vécue par le malade comme la meilleure réponse possible à une situation inextricable au point de vue professionnel ou familial ou personnel, soit un moment « historique » important dans l'histoire familiale sur plusieurs générations, comme l'anniversaire, jour pour jour, d'une maladie ou de la mort d'un père ou d'une mère ou d'un frère ou d'un grand-parent – c'est-à-dire que la maladie « pointe » souvent au même âge, à la même date (parfois au même jour) ou au même âge des enfants, des choses qui se sont passées dans la famille une ou deux ou trois générations auparavant. C'est une perspective transgénérationnelle, systémique et psychanalytique.

C'est vrai pour la maladie, mais aussi pour l'accident ou même la mort. Prenons le cas de Simone de Beauvoir, morte en 1986, presque six ans jour pour jour après Jean-Paul Sartre. Comme si, quelque part, elle avait voulu « pointer » cette date, cet anniversaire et cette fidélité, sauf qu'elle a « raté son coup » de quelques heures... Mais ce « pointage », ce rappel (inconscient) de l'anniversaire est souvent ponctuel et précis.

Prenons un autre exemple : dans un exercice sur la gestion du stress, à partir de la liste des « événements de vie » marquants de l'année (c'est-à-dire sur douze mois), une jeune infirmière mentionne un événement banal : un petit accident de voiture, avec seulement de petits dégâts matériels. Poussée à donner tous les détails (date, lieu, circonstances, personnes concernées, contexte), elle ne situe d'abord que des choses banales : jeudi 14 août, route nationale, tôles froissées... Puis : « J'étais seule dans la voiture avec ma fille de quatre ans. » Je la questionne sur le 14 août... autrefois... quatre ans... et brusquement, elle se rappelle qu'un 14 août, alors qu'elle avait quatre ans, elle a eu un accident de voiture avec son père – qui conduisait – père mort depuis.

C'est comme un « point de capiton », selon l'expression de Jacques Lacan, qui relie plusieurs points de l'inconscient comme le fil de capiton d'un fauteuil – ici entre l'inconscient individuel et familial, le co-conscient et le co-inconscient du groupe familial, selon J.-L. Moreno.

Loyauté familiale inconsciente qui répète, en les pointant, et rappelle un incident (maladie, accident, mort, mariage), un événement familial ancré dans l'inconscient individuel ou familial – transgénérationnel souvent.

On travaille aussi avec le malade le sens de sa vie à partir d'une recherche sur les événements de vie marquants ou stressants et d'un arbre généalogique complet.

On voit très souvent que la maladie répond à un « besoin psychologique personnel ». Si l'on arrive à le « pointer » avant qu'elle ne soit fatale (c'est-à-dire avant que la mort ne frappe), on trouve parfois un moyen de démontrer et de voir avec le malade la répétition, le désir de maladie ou de mort. On voit avec lui s'il n'y a pas un moyen « plus économique » que la maladie grave, ou bien la mort, pour résoudre le problème ou pour montrer sa fidélité à un membre de sa famille ou à la lignée familiale, ou pour « payer sa dette » à sa famille ou égaliser le « grand livre des comptes de la famille ».

Reprenons une citation de Georges Fourest, l'auteur de *La Négresse blonde* : « L'hôpital, c'est l'hôtel trois étoiles du pauvre. »

Beaucoup d'entre nous vivent dans un contexte personnel, familial, social, économique difficile ; parfois, le seul moyen pour faire halte et souffler, pour dire « pouce » et avoir un moment de répit et de repos, c'est de tomber malade. Ce n'est pas très sain, mais en tout cas c'est humain et fréquent. Si des gens pouvaient quitter leur travail, même sans être payés, ou simplement en prenant trois ou huit jours, deux ou trois mois de congé pour souffler, il y aurait moins de déficit pour la Sécurité sociale que tous ces « congés maladie » qui sont le seul moyen pour le salarié ou la mère de famille harassés de se reposer. Mais les gens sérieux ne s'autorisent pas à rester chez eux, ils tombent réellement malades et ont souvent des maladies graves.

La maladie ne frappe pas par hasard. Holmes et Rahe, de l'université Harvard, ont étudié les rapports entre les « événements de vie » et la maladie. On demande à des malades de voir les événements difficiles de leur vie, depuis six à dix-huit mois : la mort de proches, le divorce, les ruptures et séparations, un contrôle fiscal, un emprunt au-dessus de leurs moyens, le chômage, une mise en retraite, un accident de voiture, des enfants qui quittent la maison...

Tout changement, tout « événement de vie », heureux, tragique ou difficile, nécessite un effort d'adaptation de l'organisme. Il « tire » sur le « capital d'adaptation » possible et est donc un « facteur de stress ». Si l'on donne 100 points pour la mort d'un proche, 50 pour un divorce, 30 pour une naissance au foyer, 45 pour une mise en retraite, 15 pour les fêtes de Noël, etc., on s'aperçoit que sur l'ensemble de ceux qui ont totalisé 200 points dans l'année, la moitié (49 %) a une maladie grave ou un accident (mais la moitié s'en tire bien).

Si l'on savait gérer les éléments de stress que représentent les changements et événements de vie importants, on s'éviterait souvent d'être malade ou d'avoir un accident. Il y a donc un aspect préventif de la lutte contre la maladie et pour être, rester ou redevenir en bonne santé.

En fait, on peut guérir la maladie et souvent renverser le cours fatal d'une maladie si l'on trouve un moyen de gérer le stress et faire face aux événements de vie en prenant suffisamment de temps et d'aide pour affronter ceux-ci, en les vivant autrement, par un recadrage, en prenant du recul ou en s'éloignant de la source des tensions.

La maladie ne survient pas n'importe quand, et son cours n'est pas irréversible.

On sait aujourd'hui que le cancer n'est pas une maladie unique, mais qu'il y a des maladies cancéreuses, aux causes multiples, qui peuvent s'additionner. Les facteurs pouvant contribuer au cancer incluent les prédispositions génétiques, l'exposition aux cancérigènes, la réponse personnelle au stress.

Une fois le cancer déclaré et détecté, c'est sur la gestion du stress et la compréhension de la situation et sa prise en charge que le malade peut agir efficacement.

Pour vouloir guérir, il faut pouvoir le vouloir

Dans mon optique de travail contextuelle, la maladie s'inscrit dans trois séries de situations : celle liée à une overdose de stress (en liaison avec des événements objectifs difficiles – et qui donc diminuent l'immunologie et la résistance aux microbes, virus), celle liée à des événements familiaux transgénérationnels (non-dits, secrets de famille, morts, dans des conditions inacceptées par la famille, avec un « fantôme » qui se pointe) et liée à une exposition à des produits toxiques.

Il y a aussi des événements extérieurs majeurs qui provoquent morts, accidents, maladies, tels que guerres, bombardements, maladies professionnelles. Mais même à Hiroshima, il y a eu quelques survivants, et même dans des cas de morts imputées ou imputables à des substances toxiques, tous les travailleurs d'un même laboratoire ou atelier ne sont pas morts. Donc, il y a un facteur personnel qui peut expliquer la survie ou la maladie, et c'est sur ce facteur que l'on peut jouer pour augmenter les chances de guérison.

Il y a donc surdétermination, ces trois facteurs pouvant s'additionner.

Pour guérir, ai-je dit, il faut vouloir guérir, et pour vouloir guérir, il faut pouvoir vouloir guérir, c'est-à-dire trouver suffisamment de ressources en soi et dans son entourage pour faire face à la maladie, mais aussi au stress de l'existence, et qu'on puisse trouver les mêmes avantages que ceux procurés par la maladie, en étant bien portant.

Plus on côtoie des gens malades – et même très gravement malades –, plus on s'aperçoit que beaucoup ont envie de rester malades « pour avoir des vacances », ou pour avoir la possibilité de ne pas résoudre des problèmes difficiles qu'ils ont à résoudre, ou pour éviter d'affronter un examen, un divorce, une séparation, un travail, une échéance, un échec...

Bien entendu, la fuite inconsciente dans la maladie et la mort n'est pas toujours le cas, mais il y a souvent avantage pour le malade à avoir (et encaisser) les bénéfices secondaires de la maladie, et pas seulement la catastrophe et les ennuis, la douleur de la maladie.

Il est aussi important, pour le malade, de voir à quel point la maladie grave, si l'on travaille, comme moi, dans une perspective transgénérationnelle, s'inscrit dans une suite d'événements prévisibles et répétitifs de génération en génération. Pour ce faire, on s'appuie sur le génosociogramme : on demande au malade de faire son arbre généalogique en inscrivant les événements de vie importants de sa famille : mariages, naissances (y compris les éventuelles fausses couches), morts, maladies, accidents, lieux de vie civile, qui habite sous le même toit que qui, et qui part (ou fuit) au loin, dates, liens et réseaux affectifs, configurations répétitives comme remariages, enfant élevé par sa grand-mère).

Dans le génosociogramme, on considère le lien éventuel entre la maladie, l'accident, la mort, la naissance, etc., dans la famille. On constate alors que tout se passe comme si l'accident, la maladie ou même la mort frappaient souvent pour « pointer » un anniversaire. Un anniversaire de date (même date) ou un anniversaire d'âge (même âge ou enfants du même âge).

J'ai cité plus haut le cas de Colette, qui avait « attrapé » un cancer à l'âge même où sa grand-mère l'avait eu.

La maladie apparaît souvent à un moment crucial dans l'histoire de la famille, sur plusieurs générations ou dans l'histoire de l'individu.

On peut se poser le problème des enfants atteints de maladie gravissime. Dans mon expérience, beaucoup d'enfants malades, leucémiques, sont des « enfants de remplacement », c'est-à-dire qu'ils ont été volontairement ou involontairement conçus pour remplacer dans la famille un enfant mort un an avant leur naissance.

L'enfant de remplacement est souvent un enfant spécial, sur lequel la famille projette la mort et qui a du mal à vivre pour soi, car il est confondu inconsciemment avec l'enfant mort, dont la place est au cimetière. À sa naissance, cet enfant-là est marqué dans l'imaginaire familial par la mort. Ce n'est pas parce qu'une famille est dite normale avec plusieurs enfants qu'elle est réellement normale et que tous les enfants sont les mêmes, conçus et élevés de la même façon.

Chaque enfant occupe dans la fratrie une place particulière : il est né à un moment donné de la vie du couple et de l'histoire familiale. Les parents croient à tort qu'ils sont pareils avec tous leurs enfants.

Le premier miroir de l'enfant, c'est l'œil de sa mère, et si la mère est dépressive, triste ou en deuil, quand l'enfant est petit, cette tristesse le marque. Quelquefois, il devient le « vilain petit canard ». Lorsque le deuil n'a pas été fait par la mère ou par les parents, l'enfant s'identifie au mort – parfois au point d'en mourir –, sauf s'il arrive à se révolter contre le mort ou à se démarquer de lui. C'est ce que fit Salvador Dali par rapport à son frère aîné, qui s'appelait lui aussi Salvador.

L'enfant de remplacement ne remplace pas toujours un enfant mort jeune. Parfois, il « répare » un avortement (fausse couche ou IVG). La vie de l'enfant réparateur est souvent difficile.

Cet enfant remplace parfois un parent ou ami mort et dont il est alors fréquent qu'il porte le prénom (Salvador Dali, Vincent Van Gogh) ou un prénom parlant (Sylvie = « s'il vit » ou René = « re-né »).

Henri Collomb a étudié, à Dakar, le mythe de « l'enfant qui part et qui revient ». Il s'agit de la croyance que dans des morts d'enfants, dans une famille, c'est la mort du même enfant, l'enfant *Tji : da pa xer*, de la tribu Sérer (Sénégal). Pour cette tribu, c'est un enfant qui décide de ne pas rester dans une famille où il y a eu plusieurs morts, et qui leur ressemble – et qui meurt quand il le désire, lui ; c'est aussi un enfant qui connaît tout de la famille, qui peut choisir de partir et de revenir (naître) et peut parfois choisir de rester (en vie). Mais cet enfant ne cesse pas d'exister quand il s'en va (meurt) et peut faire ces allées et venues plusieurs fois. Chez les Wolof, l'enfant *Nit-Ku-Bon* peut « partir » (mourir) à chaque instant, car c'est un enfant qui n'est à personne (pas désiré ?), quelque part non inscrit dans la lignée familiale et qui est « particulier », fragile et grave, « mais qui sait tout ce qui se passe ». Il lui arrive de mourir brusquement, mais parfois il reste en vie.

Le désir inconscient de faire mourir l'autre a été mis en évidence en 1977 par Henri Collomb dans ce qu'il appelle la mort socio-somatique, qui est un désir collectif, social ou familial.

La mort socio-somatique est proche des morts par contrecoup psychosomatique que nous évoquions à propos du cancer et des maladies graves liées à des overdoses de stress, des événements de vie et des dates marquantes.

Lutter activement contre la maladie

Vouloir guérir ! Lutter activement contre la maladie, avec une alliance entre le travail du soignant (médecins, infirmiers, kinésithérapeutes...) et celui du soigné (le malade comme partenaire actif). Rappelons les points principaux : apprendre au malade à reprendre espoir, à vivre pour soi, lui apprendre à repérer et à gérer son stress, à faire de la relaxation, du sport, de l'expression physique, à voir les bénéfices secondaires de sa maladie, et même de sa mort, à se créer un réseau de soutien, à se « visualiser » guéri, allant bien et menant une vie agréable, à se faire plaisir... à vivre.

D'abord, il faut identifier le stress pour pouvoir le gérer (analyser comment on réagit au stress par la « politique de l'autruche », l'alcoolisme, le chocolat, la drogue, les cigarettes, la maladie, ou le sport, le yoga, la thérapie, la psychothérapie) et « surmonter le ressentiment ».

L'un des problèmes auxquels on se heurte est celui de la non-envie de vivre. Certains malades n'ont pas ou n'ont plus de « raisons de vivre », ni de goût pour la vie. On peut essayer de les aider à se recréer un réseau de soutien, à se faire des petits plaisirs au quotidien et traiter cette situation comme une dépression et leur conseiller d'entreprendre une psychothérapie.

Dans cette optique de lutte contre la maladie, on est toujours dans l'authentique des sentiments. On essaye à la fois de garder l'espoir, de vouloir vivre et guérir, mais aussi de rester réaliste, et donc de se savoir mortel et de prendre en compte la gravité de la maladie, l'angoisse de mort et l'anxiété de l'incertitude de la situation.

Il est fondamental pour le malade d'exprimer ses sentiments et d'être écouté. Il est important pour lui de faire l'apprentissage d'une vie plus enrichissante et de prendre le droit de s'affirmer et d'être ce qu'il est. C'est notre rôle de soignant que de l'autoriser à être ce qu'il est et ce qu'il a envie d'être afin qu'il ait envie de vivre et d'être.

La cancérologie classique guérit le cancer – tous cancers réunis – entre 48 et 49,5 % des cas sans tenir compte de la personne et parfois sans que le malade sache ce qu'il a.

Si l'on aide le malade à espérer, si on l'aide à mobiliser son potentiel de vie et ses énergies, si l'on rattache la maladie au stress, si l'on apprend aux gens à gérer leur stress, à se créer un réseau de soutien, un réseau affectif qui va les aider à avoir meilleur moral, à faire face à la situation et à leurs sentiments, si le soutien est apporté par leur milieu, leurs amis, leurs collègues, leurs voisins, les soignants, alors on peut passer de 46 à 49 % de guérisons, à un peu plus, mettons 50 ou 51 %.

Les thérapeutes, en travaillant autrement, d'une manière plus globale, peuvent améliorer un petit peu les statistiques médicales et aider quelques malades de plus.

Cela se fait d'abord en observant et en écoutant le malade, en l'écoutant vraiment « avec la troisième oreille », et en soignant la personne entière et pas seulement la maladie, en permettant à la personne d'être pleinement, de se « réaliser », de « s'actualiser ».

On peut trouver sa place dans sa vie, ses options, grandir, dans la maladie, grandir et guérir, grandir et se stabiliser, grandir et mourir, mais je dirais, à ce moment-là, vivre la maladie autrement... et mourir autrement.

Ce qui est tout de même très important !

Ce genre d'approche aide à guérir, mais bien sûr ce n'est pas une panacée et ce n'est qu'un point de plus dans une approche globale de l'être.

Actuellement, dans nos sociétés occidentales industrialisées, à concentration urbaine et petits logements, il n'y a plus de place pour la vieillesse, la maladie et la mort. Environ 90 % des gens meurent à l'hôpital, abandonnés de tous, souvent tragiquement, dans la solitude et l'indifférence.

Le malade « terminal » est aussi, malheureusement, souvent abandonné par la famille (indifférente, trop angoissée, incapable d'assumer) et par le corps médical, au bout de la technique classique.

Mais il y a bien des choses qu'on peut faire : soins palliatifs de confort, lutte contre la douleur, écoute des sentiments du malade, accompagnement dans ce qu'il vit. De plus, on peut toujours lutter envers et contre tout et espérer que les forces de vie et de l'espoir vont « renverser la vapeur », car des rémissions spectaculaires existent.

Dans cette manière de travailler, dans la lutte contre la maladie, on se prépare à la « double fourchette », la mort, la maladie et la guérison ; le malade envisage aussi sa propre mort : on travaille les « bénéfices secondaires » de la mort et de la maladie. En général, quand on voit les bénéfices secondaires de la mort (par exemple, se venger de ses proches), cela donne très souvent aux malades une envie de vivre extraordinaire, un sursaut d'énergie.

Il faut aussi rappeler que dans les maladies gravissimes, tout le monde ne guérit pas, même en multipliant les approches et avec des thérapies complémentaires. Vient le moment où, de rechute en rechute, la maladie prend le dessus et la mort s'annonce comme seul horizon. Se pose alors la question de l'accompagnement du malade et de la lutte contre la douleur.

Elisabeth Kubler-Ross a distingué cinq étapes dans la confrontation avec la mort (mort approchant, risque de mort) : le déni (« Je n'ai pas le cancer, je n'ai pas une maladie mortelle »), la colère, le plaidoyer (« Si je guéris, je serai sage et bonne et je ferai... »), la dépression et l'acceptation.

Gregory Bateson, Ronald Laing, Paul Watzlawick et le groupe dit de Paolo Alto ont développé dans les années 1950 une approche systématique, fondée sur l'observation de la communication, grâce à laquelle on a commencé à comprendre les règles des familles, mais aussi celles, tacites, qui concernent la maladie et la mort, et les rôles impartis à chacun.

Rappelons l'importance des interactions que peut nouer le malade (cancéreux) avec l'ensemble de sa famille. On peut arriver à retrouver, au travers des systèmes interrelationnels et groupaux, des méthodes thérapeutiques susceptibles de remettre en cause, non pas l'individu seul face à sa vie et à sa maladie, non pas le malade blâmant ses parents, mais son ensemble familial actuel et son ensemble familial sur trois générations.

Nous pratiquons des recherches familiales, des « groupes de parole » avec des malades cancéreux et leur famille, des psychothérapeutes, des soignants. Il y a un système familial à mettre en évidence et des choix vitaux. On peut choisir de guérir – individuellement –, et tant pis pour la famille, ou essayer de montrer que, sur plusieurs générations, « il faut », par exemple, qu'il y en ait un qui ait le cancer, un qui meurt à trente-trois ans, un qui soit la victime, un autre le persécuteur, un autre le sauveteur, un malade et un soignant, un bien-portant, un réussi, un « raté », un marginal...

Les thérapies familiales transgénérationnelles permettent ainsi de comprendre à quel point les choses sont répétitives, de famille en famille, de génération en génération, et combien « ça parle » et on est agi – « Je est un autre. »

Éclairer le roman familial

La psychogénéalogie éclaire le roman familial, avec ses rôles, ses non-dits et l'importance des secrets de familles. Mais attention à faire preuve de tact et à ouvrir la boîte de Pandore avec précaution ! Dans la levée du secret, comme le rappelle fort justement le psychanalyste Nicolas Abraham dans *L'Écorce et le Noyau*, il peut y avoir des guérisons foudroyantes, mais il peut aussi y avoir des morts foudroyantes.

Prenons un exemple. Une éducatrice encore jeune entre en formation et évolue. Elle commence à vivre et prend un appartement. Elle se trouve et découvre aussi des « secrets ». Sa mère devient psychotique, la fille « attrape le cancer ». Lorsqu'elle guérit, la mère se suicide et la fille a une rechute et meurt.

Prenons un autre exemple. Un jeune infirmier suit une formation en thérapie familiale systémique. Il vient de se marier et sa mère lui a dit qu'elle lui offrirait l'argent de l'achat d'un appartement. Au cours d'un génogramme, le jeune homme découvre des secrets : il y a eu des psychotiques internés dans sa famille. Il en parle chez lui. Dans la semaine, sa mère fait un épisode aigu et est internée en psychiatrie (il en est préoccupé et l'offre de don d'argent tombe à l'eau). Ailleurs, on met en évidence avec lui le système familial, le « livre familial des dettes, des obligations et des crédits », et ce qu'il croit devoir à sa mère. Les comptes ne sont pas finis.

Maladies et généalogie

Dans ces entretiens, retracer son histoire a une valeur thérapeutique. Rien que le fait d'avoir pu expliciter avec le thérapeute certains faits, certains secrets, certains liens, est important. Cette remémoration se fait parfois avec toute la famille ; on arrive alors à recréer une mémoire collective, retracer le roman familial, ouvrir les « oubliettes », sortir le « cadavre du placard » et mettre fin aux errances du « fantôme familial ». Tel est le travail transgénérationnel. On rattache la maladie actuelle à l'histoire de la famille qui, à ce moment-là, s'éclaire autrement. Le malade et ses parents sont déculpabilisés. Ils cessent de confondre le fait et la faute en supprimant la faute, le secret, la culpabilité, en clôturant le grand livre des « dettes ». Chacun peut alors vivre sa vie.

Revenons sur les répétitions familiales inconscientes, que le psychanalyste hongrois Boszomenyi-Nagy, appelle des loyautés invisibles.

Prenons l'exemple du poète Arthur Rimbaud. Comme on sait, il est mort d'un cancer du genou. Avant de mourir, il a cessé d'écrire des poèmes et a beaucoup parcouru le monde. Si l'on se penche sur son histoire familiale, on s'aperçoit que son père a quitté la famille lorsque Arthur avait six ans, et que son grand-père avait été abandonné par son propre père lorsqu'il avait six ans. Et si l'on remonte encore la généalogie des Rimbaud, on s'aperçoit que, à deux ou trois reprises, le père s'en va quand le fils a six ans.

Rimbaud était peut-être « travaillé » par le « fantôme » de son père ou de son grand-père puisqu'à un moment donné, en Afrique, il s'est trompé sur son lieu de naissance, donnant à des amis, à la place du sien, celui de son père. Il se croyait poursuivi par la police comme déserteur (mais il n'avait jamais été ni mobilisé ni militaire, et il donnait comme régiment d'infanterie celui de son père).

Depuis, on a pensé (mais c'est plus complexe à l'époque) qu'il était devenu malade mental. Or, c'est comme s'il avait été, après la mort de son père et ayant atteint l'âge où celui-ci avait quitté la famille, comme hanté par un « fantôme » transgénérationnel, pour reprendre l'expression de Nicolas Abraham.

Tout se passe donc comme si Rimbaud avait été hanté par le fantôme de son père et qu'il s'était identifié à son père en reprenant le parcours de celui-ci (allant comme lui en Afrique, passant par les mêmes villes, se croyant né au même endroit ou ayant appartenu au même régiment).

Je me suis longtemps penchée sur l'arbre généalogique de Freud et je me suis demandé pourquoi le père de la psychanalyse avait eu un cancer. Freud avait eu un ami (Fliess) qui avait publié un livre sur la sexualité liée au nez, et cet ami avait été beaucoup attaqué par toute la médecine traditionnelle de Vienne.

À un moment donné, Freud ne l'a pas soutenu. Un an plus tard – un an après le fait qu'il n'a pas utilisé sa bouche pour parler –, il a été atteint d'un cancer à la mâchoire. On pourrait émettre une hypothèse de culpabilité ou de stress...

L'apparition de cancer un an après une perte a été mise en évidence par le psychologue américain Lawrence LeShan, qui a mené une enquête approfondie auprès de 750 malades cancéreux et leurs familles. D'après lui, il existe un lien entre les problèmes que rencontrent les gens et le fait qu'ils ont un cancer. Il a découvert que 92 % des 750 cancéreux qu'il avait interrogés avaient eu un cancer entre six mois et dix-huit mois après ce qu'il appelle une « perte d'objet d'amour », c'est-à-dire la perte de quelque chose ou de quelqu'un de terriblement important pour eux : conjoint, parent, enfant, travail – perte qui réactivait une « perte » dans l'enfance, un deuil non fait et non parlé à l'époque, et dont ils ne s'étaient pas remis. Il s'agissait aussi de personnes exprimant peu leurs émotions.

Lawrence LeShan, Carl et Stephanie Simonton insistent sur l'importance de la perte d'objet d'amour et de l'overdose de stress, six à dix-huit mois avant l'apparition du cancer. Hammer parle de l'importance du stress et des problèmes actuels qu'il faut régler ou rejeter, sous peine d'en mourir ; il émet l'hypothèse du rôle de l'angoisse de mort dans le développement des métastases. Il préconise une psychothérapie pour les malades cancéreux.

On pourrait presque dire qu'on ne peut pas guérir tant qu'on n'a pas découvert pourquoi on est tombé malade et si l'on n'a pas envie de vivre – mais certains pessimistes vivent vieux sans maladies !

Le cancérologue Léon Schwartzenberg écrivait que tous les jours nous « attrapons » tous des cellules cancéreuses et, tous les jours, nous nous en débarrassons grâce à notre système immunologique. Je suis totalement d'accord avec cette remarque.

Si tout le monde est soumis à rencontrer microbes, virus et cellules malignes, on peut se demander pourquoi certains d'entre nous n'arrivent pas à s'en débarrasser, à un certain moment, et tombent malades. La réponse est que le système immunologique fonctionne légèrement ou beaucoup moins bien après une « overdose » de stress ou trop d'événements auxquels il faut s'adapter, perturbations, problèmes psychiques, changements de vie, de lieux, de statut, de situation...

Pour augmenter les chances de guérison, il faut lutter contre le pessimisme du malade et de sa famille et aussi contre la mauvaise réputation du cancer, et redonner espoir au malade et à sa famille, hantés par l'image sociale du mal incurable.

La méthode des « événements de vie stressants » permet de répondre à la question de vie angoissante : « Pourquoi la maladie ? Pourquoi moi ? » Si l'on peut répondre, alors, au lieu d'être une « victime frappée par le destin qui accable » et devant lequel on se sent totalement impuissant et totalement dénué d'espoir, on peut se dire : « Ah, oui ! C'est parce qu'il y a eu tel événement »... Si l'on peut voir que tel événement nous a tellement frappé que nous n'avons plus de ressort, si l'on arrive à affronter tel événement, le changer de perspective, à le recadrer autrement et le traiter autrement, on arrive peut-être à avoir la force d'envisager la vie, malgré la perte de cet « objet d'amour ». On recommence alors à avoir des chances de guérir envers et contre tout... et de remettre en route le système immunologique qui s'était bloqué.

En fait, très souvent, pour pouvoir guérir, pour pouvoir se permettre de guérir, il faut pouvoir se débarrasser de l'emprise des « fantômes familiaux » qui travaillent l'inconscient.

L'inconscient a bonne mémoire. Si l'on arrive à « sortir de l'inconscient », l'attachement à quelque objet d'amour perdu ou l'attachement à un membre d'une famille que l'on n'a pas connu, et dont on recommence inconsciemment la vie, cela permet, à ce moment-là, de reprendre « du poil de la bête », de l'envie de vivre, et de pouvoir repartir d'un bon pied dans la vie.

Pour pouvoir vivre, il faut pouvoir surmonter l'angoisse de mort.

Il faut pouvoir affronter les difficultés de l'existence et trouver dans l'existence du plaisir.

Pour pouvoir guérir, il faut avoir des raisons de vivre et d'espérer.

Retrouver des raisons de vivre

On s'aperçoit, quand on traite des gens qui sont très gravement malades, que très souvent ils ont perdu leur raison de vivre et d'espérer, du fait que la personne pour laquelle ils vivaient n'est plus là (par mort, divorce, abandon, éloignement). Quand on a « mis tous ses œufs dans le même panier et si ce panier n'est plus là, ou s'il n'y a plus d'œufs », il faut pouvoir retrouver des raisons de vivre.

Il y a des gens qui ne vivent que pour une personne (enfant, conjoint, amour) ou pour une seule chose ou cause (travail, maison, œuvre). Si elle disparaît, tout s'effondre.

Certains ne vivent que pour leur travail. Quand ils sont mis en retraite, ou en chômage, ou changent d'emploi, il n'y a plus de travail, il n'y a plus alors pour eux de raison d'existence.

Si ces malades retrouvent une envie de vivre, un besoin de vivre, un plaisir de vivre, s'ils arrivent à avoir suffisamment d'égoïsme, à se débarrasser d'un sens trop strict du devoir et prendre plaisir à se faire plaisir chaque jour (au moins trois à quatre fois par jour), alors on constate un changement. Se faire plaisir au quotidien est vital : regarder une fleur, respirer un parfum, prendre un café au soleil, aller à un colloque qui leur fait plaisir, parler à des amis, faire « une sortie » ou un voyage, rire et se détendre avec des « copains »...

C'est très important de faire ce que l'on a envie de faire, de vivre pleinement, de se faire plaisir. Alors, on vit (quelle que soit la situation) et on n'est plus en « survie ».

D'après les constatations faites par Carl Simonton, on voit souvent des gens ayant un cancer terminal, dont le médecin cancérologue sérieux prévoit une mort proche – délai de trois semaines à deux mois –, et qui, lorsqu'ils font enfin ce qu'ils ont envie de faire (par exemple, le tour du monde ou faire du piano, quitter leur famille, ce qui est si bien illustré dans le film *La Vieille Dame indigne*), s'en sortent.

Mais ces rémissions spontanées ont des causes diverses ; chacun croit à une méthode : une de mes amies, infirmière diplômée d'État, s'est soignée d'un cancer terminal en allant vivre un an sous la tente d'une tribu indienne (son arrière-grand-mère était une Indienne d'Amérique). Une autre a choisi le jeûne ; une autre a tout abandonné pour la musique et a guéri. Une autre a rencontré l'amour, s'est mariée et a guéri.

Être heureux est facteur de guérison, de stabilisation, de rémission. Faire quelque chose avec passion, c'est-à-dire vivre pleinement, est facteur de guérison.

Croire passionnément à quelque chose est facteur de guérison. Faire de la musique ou de la danse, écrire, peut-être une ascèse, est un facteur de transformation. On peut dire que la maladie transforme et que la transformation (la mort acceptée, la paix avec soi, le goût de vivre) remet la vie en marche.

Il m'est arrivé d'aider des gens à se réaliser, à pousser des malades ayant un cancer terminal à faire ce qu'ils avaient très envie de faire. Certains d'entre eux ont « échangé » leur cancer contre un enfant ou contre un piano : cela a très bien tourné. Devenus pianistes ou pères ou mères, ils n'ont plus eu de cancer, au grand étonnement des cancérologues...

Pour guérir, il faut vivre, et vivre à son idée à soi, et non pas à l'idée de papa, maman, de la société, de la concierge ou du voisin. Pour améliorer ses chances de guérir, il est préférable de vivre selon ses désirs, en découvrant ses valeurs propres, de réaliser ses envies, ses besoins profonds, et non selon des projets, un « scénario de vie », un « script » programmé par sa famille ou la société, ou pour faire plaisir à quelqu'un.

Le « sacrifice de soi » se paye souvent par l'épuisement, la maladie et la mort. C'est « Marie » qui a la bonne part, et non « Marthe ».

On vit pleinement centré sur soi, son être profond, et non décentré et comme jouet ou porte-parole d'autrui.

Pour guérir, il faut vouloir guérir.

Pour vouloir guérir, il faut avoir envie de vivre.

On a d'autant plus envie de vivre qu'on a réellement affronté la mort, qu'on s'est découvert soi-même, ses possibilités et sa voie.

SOURCES

La plupart des chapitres de ce livre sont issus de textes et conférences dans l'ensemble indisponibles depuis longtemps. Le premier chapitre est une nouvelle version de « La sérendipité », in *Hommage au doyen Weiss*, Publications de la Faculté des Lettres, Arts et Sciences humaines de Nice, n° 27, 1996. Le chapitre II s'appuie sur une conférence que j'ai donnée, à l'invitation de Vincent de Gauléjac, dans le séminaire que ce dernier anime à l'université Paris 7-Denis Diderot, et dont une autre version a paru sous le titre « Éléments d'histoire de vie et choix théoriques » dans *Parcours de femmes*, Paris, L'Harmattan, 2005. Le chapitre III reprend une conférence donnée en 1987, à Nice, sous le titre « Stress, psychologie et cancer », pour le Collège de gynécologie médicale du Sud-Est. Le chapitre IV a paru dans une version différente *in* L. Bessette (dir.), *Le deuil comme processus de guérison. Actes du congrès international de Montréal*, Chabanel, Beauport (Québec), MNH, 1994. Le chapitre V est issu d'un texte publié dans *Bulletin de psychologie*, n° 423, tome XLIX, janvier-avril 1996, sous le titre « Transmission de l'angoisse indicible et transgénérationnel ». Le chapitre VI est inédit. Le chapitre VII, enfin, est une nouvelle version d'une conférence publiée dans *Les Médecines, les psychologies et leur image de l'homme*, en 1987, par le Centre international de la Sainte-Baume.

29 mars 2009

BIBLIOGRAPHIE

ABRAHAM N., TÖRÖK M., *L'Écorce et le Noyau*, Paris, Aubier-Flammarion, 1978.

ADER R., *Psycho-neuro-immunology*, New York, Academic Press, 1991.

ANCELIN SCHÜTZENBERGER A., *Exercices pratiques de psychogénéalogie, pour découvrir ses secrets de famille, être fidèle aux ancêtres, choisir sa propre vie*, Paris, Payot, 2011.

ANCELIN SCHÜTZENBERGER A., *Psychogénéalogie. Guérir les blessures familiales et se retrouver soi*, Paris, Payot, 2007.

ANCELIN SCHÜTZENBERGER A., *Aïe, mes aïeux ! Liens transgénérationnels, secrets de famille, syndrome d'anniversaire, transmission des traumatismes et pratique du génosociogramme*, 17e éd., Paris, Desclée de Brouwer, 2005.

ANCELIN SCHÜTZENBERGER A., *Vouloir guérir. L'aide au malade atteint de cancer*, 9e éd., Paris, Desclée de Brouwer, 2004.

ANCELIN SCHÜTZENBERGER A., *Le Psychodrame*, 2e éd., Paris, Payot, coll. « Petite Bibliothèque Payot », 2003.

ANCELIN SCHÜTZENBERGER A., BISSONE JEUFROY E., *Sortir du deuil. Surmonter son chagrin et réapprendre à vivre*,

3e éd., Paris, Payot, coll. « Petite Bibliothèque Payot », 2008.

Ancelin Schützenberger A., Devroede G., *Ces enfants malades de leurs parents*, 2e éd., Paris, Payot, coll. « Petite Bibliothèque Payot », 2005.

Armeno C., *Peregrinaggio di tre giovani figliuoli del re Serendippo*, Venise, 1557 (original à la bibliothèque Trivulziana, Milan).

Avrane P., *Sherlock Holmes & Cie*, Paris, Louis Audibert, 2005.

Basset L., *Au-delà du pardon : le désir de tourner la page*, Paris, Presses de la Renaissance, 2006.

Basset L., *Le Pouvoir de pardonner*, Paris, Albin Michel, 1999.

Bissone Jeufroy E., *Quatre plaisirs par jour, au minimum ! Les bienfaits du plaisir sur le corps et l'esprit*, Paris, Payot, coll. « Petite Bibliothèque Payot », 2010.

Boszormenyi-Nagy I., Spark G.M., *Invisible Loyalties*, New York, Brunner/Mazel, 1984.

Cannon W.B., *The Way of an Investigator. A Scientist's Experiences in Medical Research*, New York, Norton, 1945.

Chopra D., *Le Corps quantique. Trouver la santé grâce aux interactions corps/esprit*, Paris, InterÉditions, 1990.

Collomb H., « La mort en tant qu'organisateur de syndromes psychosomatiques en Afrique », *Psychopathologie africaine*, XIII, 2, 1977, p. 137-147.

Connes A., Lichnerowicz A., Schützenberger M.-P., *Triangle de pensées*, Paris, Odile Jacob, 2000.

Cousins N., *Comment je me suis soigné par le rire*, Paris, Payot, coll. « Petite Bibliothèque Payot », 2003.

Crocq L., *Les Traumatismes psychiques de guerre*, Paris, Odile Jacob, 1999.

Cyrulnik B., *Un merveilleux malheur*, Paris, Odile Jacob, 1999.

Cyrulnik B., *Les Vilains Petits Canards*, Paris, Odile Jacob, 2001.

Dolto F., *Parler de la mort*, Paris, Mercure de France, 1998.

DUPEREY A., *Les Chats de hasard*, Paris, Seuil, 1999.

FELDENKRAIS M., *La Conscience du corps*, Paris, Robert Laffont, 1971.

FERENCZI S., *Confusion de langue entre les adultes et l'enfant*, Paris, Payot, coll. « Petite Bibliothèque Payot », 2004.

FESTINGER L., *A Theory of Cognitive Dissonance*, Evanston, Row & Peterson, 1957.

FISCHER G.-N., *Le Ressort invisible. Vivre l'extrême*, Paris, Seuil, 1994.

FORWARD S., *Parents toxiques. Comment échapper à leur emprise*, Paris, Stock, 2000.

JAFFE D., *La guérison est en soi*, Paris, Robert Laffont, 1981.

JUNG C.G., *Synchronicité et Paracelsica*, Paris, Albin Michel, 1988.

KOBASA S., « The Hardy Personality. Toward a Social Psychology of Stress and Health », *in* J.M. Sulls, G.S. Sanders (dir.), *Social Psychology of Health and Illness*, Hillsdale, Erlbaum, 1982.

KORZYBSKI A., *Une carte n'est pas le territoire. Prolégomènes aux systèmes non-aristotéliciens et à la sémantique générale*, Paris, Éditions de l'Éclat, 2007.

KOTANI H., « Safe Space in Psychodynamic World », *International Journal of Counseling and Psychotherapy*, vol. 2, 2004.

KÜBLER-ROSS E., *Les derniers instants de la vie*, Genève, Labor et Fides, 1989.

KÜBLER-ROSS E., *La Mort, dernière étape de la croissance*, Monaco, Éditions du Rocher, 1985.

LAPLANCHE J., PONTALIS J.-B., *Vocabulaire de la psychanalyse*, Paris, 1967.

LASZLO E., *Aux racines de l'univers. Vers l'unification de la connaissance scientifique*, Paris, Fayard, 1992.

LEADER D., *La Question du genre, et autres essais psychanalytiques*, Paris, Payot, 2001.

LESHAN L., *Vous pouvez lutter pour votre vie. Les facteurs psychiques dans l'origine du cancer*, Paris, Robert Laffont, 1982.

LEWIN K., *Psychologie dynamique*, Paris, PUF, 1959.
MANDELBROT B., *Les Objets fractals. Forme, hasard et dimension*, Paris, Flammarion, coll. « Champs », 1995.
MAY R., *Le Désir d'être*, Paris, Épi, 1982.
MORENO J.L., *Psychothérapie de groupe et psychodrame*, 3e éd., Paris, PUF, coll. « Quadrige », 2007.
MORENO J.L., *Fondements de la sociométrie*, 2e éd., Paris, PUF, 1970.
PAULI W., JUNG C.G., *Atom and Archetype. The Pauli/Jung Letters*, 1932-1958, New York, Routledge, 2001.
PEAT F.D., *Synchronicité. Le pont entre l'esprit et la matière*, Monaco, Éditions du Rocher, 2001.
PENROSE R., *The Emperor's New Mind*, London, Oxford University Press, 1989.
POLETTI R., DOBBS B., *Lâcher prise, dire oui à la vie*, Saint-Julien-en-Genevois, Jouvence, 1998.
PRIBRAM K.H., *The Hollographic Hypothesis of Memory Structure in Brain Function and Perception*, New York, Nuwer & Baron, 1974.
PROGROFF I., *Jung, Synchronicity and Human Destiny*, New York, Three Rivers Press, 1987.
REDFIELD J., *La Prophétie des Andes*, Paris, Robert Laffont, 1994.
REEVES H., CAZENAVE M., SOLIÉ P., PRIBRAM K.H., HANSUELI E., VON FRANZ M.-L., *La Synchronicité, l'Âme et la Science*, Paris, Albin Michel, 1995.
ROBERTS A., *Serendipity*, New York, Wiley, 1989.
ROSENTHAL R.A., JACOBSON L., *Pygmalion à l'école. L'attente du maître et le développement intellectuel des élèves*, Paris, Casterman, 1971.
SCHMITT É.-E., *Oscar et la dame en rose*, Paris, Albin Michel, 2002.
SEYLE H., *Le Stress de la vie*, Paris, Gallimard, 1962.
SHELDRAKE R., *La Mémoire de l'univers*, Monaco, Éditions du Rocher, 1988.
SIEGEL B.S., *L'Amour, la Médecine et les Miracles*, Paris, Robert Laffont, 1984.
SIMONTON O.C., SIMONTON S.M., CREIGHTON J., *Guérir envers et contre tout. Le guide quotidien du malade et*

de ses proches pour surmonter le cancer, Paris, Desclée de Brouwer, 1990.

TUBIANA M., *Le Cancer*, 5e éd., Paris, PUF, coll. « Que sais-je ? », 2003.

USANDIVARAS R.J., *La Busqueda del Pajaro Azul*, Buenos Aires, Editorial Medica Panamerica, 1994.

VAN EERSEL P., *La Source noire*, Paris, Grasset, 1987.

VARGAS F., *Pars vite et reviens tard*, Paris, Viviane Hamy, 2001.

WALPOLE H., *The Three Princes of Serendip*, 1778.

TABLE

Mise en page PCA
44400 Rezé

Imprimé par Black print CPI (Barcelona).
en mars 2014

Imprimé en Espagne
Dépôt légal : septembre 2011